改訂版

実現するための

経営戦略を

目標管理と

人事考課

西村 聡 著

日本法令

～改訂版への序～

　新型コロナによって世界経済は大きく揺れました。これに伴い、5G技術などの高度情報技術の革新による景気拡大、働き方改革による生産性向上どころの話ではなくなり、現在、多くの企業は休業、倒産、廃業という憂き目にあっています。

　これからも当面続くことが予想されている感染拡大の波ですが、withコロナの時代、8割経済と言われる時代をどう乗り切っていけるか、企業や人間の能力の真価が問われています。このため我々は英知を集め、痛みに耐えながらも、10年、20年後のために前進しなければなりません。そのための礎を築いていかなければならないのです。

　そこで振り返っておきたいことがあります。バブル経済崩壊、リーマンショックを経て日本企業のマネジメントのどこが変わったのでしょうか？　異次元金融緩和に企業は踊り、内部留保を充実させたものの、付加価値を上げることはできず、労働分配率はまったく改善されていません。非正規社員の賃金を抑制し、その格差を拡大させているのですから、実質賃金の減少は当然のことです。まさに、失われた30年、生産性を度外視した正規社員王国を築き上げてきたのです。

　資本主義における社会的公正の追及がどこまで為されるだろうかと期待された同一労働同一賃金は単なるスローガンと化し、おそらく今後は正規社員王国をさらに強固なものにする方向にしかならないことは、同一労働同一賃金を真剣に推し進めなければならない労働者の代表組織である日本労働組合総連合の方針を見ても明らかです。過去に集団主義国家と言われた日本も、今では経済的にも精神的にも縮み込み、所得分配の不平等国家まっしぐらです。

　過去に遡ること2004年に、バブル経済が崩壊し、蔓延していた閉塞感を人事管理制度面から打開し、生産性など業績を向上するための方法として、筆者は職務基準の『役割等級人事制度構築・導入マニュアル』を上梓し、経営戦略と切り離されてきた職能主義人事制度を脱却すべきと謳い、2010年『賃金コンサルタント養成講座』において同一価

値労働同一賃金（職務給）への移行のための道筋を示しました。さらに2012年に『経営戦略を実現するための目標管理と人事考課』の第2章、3章において職務基準の目標管理（業績管理）の展開方法について開示し、直近では『同一労働同一賃金を実現する職務分析・職務評価と賃金の決め方』として、30年近く職務分析に触れ、積み重ねてきた実践結果を具体的にまとめました。そして、このたび前著（2012）に職務基準の人事制度下における業績および業績評価制度の理論を加えることで、日本の人事考課制度において混乱している目標管理制度の位置づけを整理することにしました。前著では、現在のように職務基準の人事制度が受け入れられる土壌になかったことから紹介程度に収めた内容でしたが、この度、業績管理について加筆できることに対し時代の変化を実感するとともに、感慨深さを覚えます。

　ただ、いまだ職務分析すらせず、能力を基準とする人事制度がこの国には当たり前のように存在しています。現在の欧米の雇用管理制度において職務評価は過去のものとなっていることを取り上げ、コンピテンシー評価が主流だとか、今やノーレイティングが流行だとか表面的な理解だけで語っているのを耳にしますが、これはとんでもない誤解です。彼らは、200年以上の労働者の闘いの歴史を経て、すでに職務分析、職務評価は、空気のようにあって当たり前どころか、今ではそれを意識することのない世界にいるのです。日本的な職能の視点だけで理解できるところにはいません。

　「Wages based on job evaluation」、これは職務給（日本での造語）の原語であるように、つまり職務給は「職務評価に基づく賃金」であり、公正な職務評価を実現するためにはその前提に職務分析が必要だということになります。また、職務給の歴史は能率給に始まりますが、能率と賃金は切り離せない関係にあるからこそ職責を明確にするために職務分析を行い、職責以上に成果を出した者に対して業績給（昇給や賞与）を支給する仕組みが必要とされたのです。能力評価という批判を避けるため、安易に評価基準を行動的な表現にしたところで、その行動が基本的な職務や業務プロセスに結びついていないのですから、結果（業績）が向上するはずがありません。職務を明確にし、マニュアル（作業

標準）化を徹底している欧米でさえ、業績を向上させることは難しいことは明らかなのですから、職務を明確にしていない安易な評価制度を今更ながらに構築、運用することはもう止めるべきです。職務分析や職務評価すら実施せず、また人事考課制度をコンピテンシー評価など能力基準にしておきながら職務基準の人事賃金制度と謳うなどの間違いを犯すことがないよう、「Wages based on job evaluation」の歴史的な意味、重みを真摯に学んでいただき（拙著『職務分析・職務評価と賃金の決め方』）、そのうえで、本著で「あるべき姿の人事考課制度」とは何かについて考えていただければと心から願っています。

　また本書では、役割等級、役割給という言葉を使用しています。これは、前著執筆当時、職務等級制度が倦厭されていたことを考慮し、これを避けるべく言い換えたものです。実質的には職務等級制度の一つの類型ですが、混乱を避けるため本文中では、役割等級、役割給に表記を揃えています。

　最後に、約20年間、お会いするたびに日本の人事労務管理をめぐる状況について論じ合い、この度も本書の改訂版を薦めていただきました(株)日本法令取締役の岩倉春光氏、そしていつもご支援いただいている三浦眞澄先生（NPO法人企業年金・賃金研究センター理事長）に対して心より感謝申し上げます。

2020年10月

筆　者

～はじめに～

　今、この時も大企業が倒産するかもしれないという不透明な時代、生き残りをかけて戦略を策定し、これを実現していくために、進捗を管理、統制するための人事制度を構築し、このなかで最も重要なものが目標管理であり、人事考課制度であることを真剣に考えている人がどれだけいるでしょうか。

　それにもかかわらず、アメリカの人事管理から「神学論争」とまで揶揄され、行き場を失い日本にたどり着き一世を風靡したコンピテンシーの時もそうでしたが、過去より「きっとこれなら当社に合うだろう」の思いだけで他社の人事考課表や目標管理シートを導入する企業がどれだけ後を絶たないことでしょうか。確かに、評価は公正かつ客観的に行われなければならないことから、普遍的にベストの評価制度がありそうですが、どの企業にも、どの社員にも適用できる普遍的にベストの制度はないということを知るべきでしょう。

　私がそれぞれの会社流で構築できる正しい役割等級人事制度の構築方法を世に送り出した目的は、そもそも企業によって経営理念、経営目標、経営課題は異なっており、これに沿って社員に期待される役割行動や結果は異なることを確認したうえで、人事制度を構築、導入するためです。たとえ業界が同じであったとしても、共通する課題は一部であり、企業ごとに成熟度は異なっているため、多くの課題は違ってきます。

　経営に貢献する社員を高く評価する点では変わらなくても、どのような経営を行うのかは企業によって異なり、そのため評価にあたって重視することは企業によって異なります。また、同じ企業のなかでも、社員に期待することも異なれば、評価するにあたって重視することも異なってくるのです。したがって、他社の人事考課制度を上辺だけでの活用をしたところで何も変わらないのは当たり前のことなのです。それにもかかわらず、これに頼るというのは、経営することに限界がきているか、伸び代をむしろ自ら狭めている企業ということになります。

　経済産業省『人材マネジメントに関する研究会』報告書（2006）は、

成果主義人事制度が失敗した原因として、「成果主義には前工程である人材が成果を出すプロセスを改革していなかった」としていますが、まさに組織的公正を各企業がどう実現するかということに尽きるということを述べています。つまり、人事制度構築のプロセスにおいていかに組織的公正を追及し、これを実現できるかが重要ということなのです。確かに、組織は合理性だけで成り立つものではありません。組織は人間の集合体であるため、人間性を避けては通れません。そのため、葛藤や逃走本能、嫉妬や人間関係の悪化、自己防衛本能など、組織運営には好ましくない状態も発生します。そこで、人間の行動を好ましい方向に動機づけるためのさまざまな方法論が議論され、試されてきました。

　そして、人事考課、目標管理制度も社員1人ひとりの自律と協働を目指して運用されなければなりませんが、組織にも個人にもそれぞれの成長段階があり、そこに至るまでの方法論は画一的ではありません。

　ただ、人として、そしてコンサルタントとして成長段階にある現在の私でも言えることは、経営管理論はおろか人事管理論までもおろそかにし、クライアントの業務も理解せず、課題解決の糸口さえ見つけることもせず、動機づけアプローチだけでクライアントの業績を上げようとする者が多くなってきたということです。ストレス社会での1つの潮流なのかもしれませんが、社員個々人の働く動機にはそれぞれ相違があり、これを画一的に捉えることはできませんし、これの科学的な実証検証は不可能とも言え、これらの理論が経営という実践の場において乱用ないし悪用される危険性も含んでいると指摘されていることをコンサルタントは理解し、広く一般原則であるかのように1つの手法に頼るのは危険である以上に、自身の人間としての成熟度もそこに伴っていなければならないことを自覚すべきです。あらゆる者があらゆるところで常に高い勤労意欲を示し、高い生産性を示すようになる唯一最善の方法など存在しないのです。

　仏教で「開示悟入」という言葉があります。動機づけは、「開」にかかわります。次の「示」は、指示や説明を示すことです。「悟」は、悟らしむことで、主体的なものにしていく、内面化していくことです。「入」は、定着させなければいけないということです。つまり、動機づけをし

たところで次の「示」ができなければ事は運ばないということです。

　私自身、研究者と比べればまったくこれに及びませんが、それなりに研究はしているつもりです。しかし、私は、最近やっと語ることができるようになってきたものの、経営理念や戦略あるいは組織心理の重要性については未だそうすることが億劫です。これは、これらの重要性が本来的にわかるゆえに、私自身の成熟度を考えるとまだ語ることでさえおそれがあるからです。しかし、クライアントに業績を上げてもらうことが私の責務であるため、未成熟な部分をカバーするため、口だけではなくクライアントに入り込み、構築プロセスにおいて精一杯の生き様を見せているのです。

　このため、セミナーや講演で時々、経営理念や戦略あるいは組織心理の重要性について話す場合もありますが、本書では、動機づけ理論や動機づけのために活用される各種の手法については割愛させていただき、もっぱら人事考課、目標管理制度の制度論と運用論に内容を絞らせていただき、後は読者の成熟度にお任せさせていただくこととしました。

　閉塞感の非常に強い昨今の経済状況のなか、多くの企業、人が彷徨っているなかで、企業経営者をはじめコンサルタントや企業における人事担当責任者の方々のお役に少しでも立てれば幸いです。

　最後になりますが、すでに世に送り出した『役割等級人事制度導入・構築マニュアル』『賃金コンサルタント養成講座』『人事コンサルタント養成講座』（以上、日本法令）、『賃金の本質と人事革新』（三修社）と本書をもって人事制度の全体系を明らかにすることができたことに関して、私を支えてくれている方々の御陰と心から感謝する次第です。

　そして何よりも、本書の出版にご尽力いただきました㈱日本法令岩倉課長、構成からご協力いただいた堀美由紀社会保険労務士事務所堀美由紀所長、いつもコンサルティングの現場でご協力いただいているNPO法人企業年金・賃金研究センター三浦眞澄理事長に対して心より御礼申し上げます。

2012年11月

著　者

Contents

第4章　職務基準の人事制度における業績管理とその理論

第5章　人事考課制度の運用　〜実践編〜

第6章　目標管理制度の運用　～実践編～

第7章　自己評価とフィードバックの実際

第8章　人事考課者たる管理監督者の姿勢

第9章　第1章の各ケースの解答例

第10章　人事考課者訓練ケーススタディ

第11章　規　程　集

第1章

人事考課・目標管理制度の
運用状況を考える

1 人事考課・目標管理制度を導入した中小企業のケース

　以下の5つのケースを読み、制度の構築、導入、運用上の何が失敗要因で、何が成功要因かを確認してください（各ケースの設問についての解説は、第9章をご覧ください）。

Case 1

　ある業績が低迷している飲料水卸販売会社の社長は、この業績低迷を打破するために顧問税理士に相談しました。「私が思ったように社員が働いてくれない。やる気がないのではないか」との社長の言葉を受け、顧問税理士は人事労務専門の人事コンサルタントを紹介することにしました。

　人事コンサルタントは、社長の想い、社員にやってほしいことを聞き出し、これを評価の基準にすることとしました。社員にもインタビューを行ったところ、社員に特に能力ややる気がないわけではないことから、社員説明会を開き、新しい人事考課制度の導入が成功することに自信を持っていました。

　しかし、その期待とは裏腹に、社員がいくら努力しても、業績は一向に上向くことはありませんでした。しかも、相対区分考課のため評価においてはS、A、B、C、Dというランクが出ますが、当然のことながら賞与原資はなく、毎年、同じSでも賞与額は下がる一方で、さらに、社長の「低すぎて辞めるのでは」との不安から、評価C、Dの社員の賞与額も鉛筆を舐めて上乗せするなど、その差はどんどん詰まり、やがて評価の良い社員のほうがやる気を失ってしまうという結果となってしまいました。

【設　問】この会社の業績が低迷し続ける原因はどこにあるのでしょうか？　もし専門家（顧問税理士、人事コンサルタント）の対応に問題があるとすれば、それはどのようなことでしょうか？

《理　論》
　　⇒第3章　47ページ参照
　　⇒第5章　127〜128ページ参照
　　⇒第8章　216〜217ページ参照
《解答例》
　　⇒第9章　226ページ参照

1　人事考課・目標管理制度を導入した中小企業のケース

　ある工作機械製造会社では、昨今の初任給の高騰もあり、これま
で運用してきた賃金制度が時代に合わなくなったため、人事コンサ
ルタントに制度の改定を依頼しました。

　人事コンサルタントは、職能資格制度を導入し、賃金も中堅社員
の中だるみを是正すると同時に、全社員に対して目標管理制度を導
入しました。

　会社は全社員を食堂に集め説明会を行ったうえで、管理職を通じ
て人事コンサルタントが用意した目標管理シートを配付しました。
目標設定面接をするように規程では決まっていましたが、あまり理
解できていない管理職はシートを単に部下に配付し、部下が書いた
シートを回収しただけでした。

　このため、生産現場の初級組立作業者A氏は、会社の説明会には
出て説明を聞いていましたが、何をどうシートに書いたらよいかが
わからず、自分が書ける範囲で業務目標を書くことにしました。そ
れが「職場の整理・整頓」でした。

　中級営業マンB氏は、「売上〇億円（ノルマ達成）」と、そのため
の行動を書きました。

　初級人事課員C氏は、「給料計算のための勤務時間管理での集計
ミスをなくす」とし、これまでによく集計ミスをした項目やケース
を洗い出し、ミスをした原因を分析し、チェックシートやマニュア
ルを作成し整理しました。

　A氏は、自分が使用する工具で使用する物とそうでない物を分別
し、また、使えなくなった壊れた工具は捨てました。工具台もそ
れぞれの工具の置き場所を表示し、置き場所を固定したことで、整
理・整頓ができたと自己評価をAとしました。

　B氏は、ノルマ達成のために、既存客を昨年よりは多めに訪問す
ることとし、実際にそうしたものの残念ながら目標を達成すること
ができず、自己評価をCとしましたが、達成できなかったのは景気
が悪かったことが理由で自分のせいではないと納得していませんで

- した。
- 　C氏は、集計ミスをなくすことができたことで満足し、自己評価
- をAとしました。
- 　この3名ともに、上司からのフィードバックは当然、行われるこ
- ともありませんでした。

【設　問】この会社の目標管理制度の運用について、あなたは
どう思いますか？　A氏やC氏がシートに書いた目標を、あ
なたはどう思いますか？　また、それぞれの自己評価は適正
だと思いますか？
　B氏が自身の自己評価結果に納得できていないことについ
て、あなたはどう考えますか？

《理　論》
⇒第3章　53〜54ページ参照
⇒第5章　126〜127ページ参照
《解答例》
⇒第9章　228ページ参照

　ある電機組立製造会社では、すでに目標管理制度が導入され、全社員が目標管理シートを記入しています。投資家への情報公開の必要性から、毎年、経営計画はきっちりと見直され、投資家にも一部公表されています。しかし、ここ数年、計画通りにはなっておらず、経営者は何とかこれを打開しようと組織変更ばかりをしています。

　そこで、コンサルタントが入ることになりました。コンサルタントは、現状把握のため中期経営計画とそこに書かれている単年度の経営計画を確認したうえで、事業部長の目標管理シートを確認しました。

　コンサルタントの調査では、各事業部長の目標はすでに経営計画に沿ったものではなく、すべてではありませんが多くの目標が部門単独の目標に置き換えられていました。また、事業部長の下にいる管理監督者の目標も、事業部長の目標の一部に沿って展開されているだけでした。

　当然、この会社での目標設定面接は形骸化しており、多くの事業部長の口癖は、「部下は何も考えていない。自分の意見を言わない」でした。しかし、コンサルタントは管理監督者の問題意識の高さはわかっており、むしろ話をさせておらず、一方的にやることを押し付けているのは事業部長であることを理解していて、事業部長に対し何度か部下を同席させての指導も行いましたが、その後も変わった様子はありませんでした。

　また、品質保証部は、ISO の事務局としての働きをしており、目標管理シートには「不良率○○ ppm」などとしていましたが、やっている仕事は ISO の審査機関向けの仕事ばかりで、多発している品質問題の真因の追及をする能力どころか設計部など各部署からの対策案をまとめる能力もありませんでした。現場、現物を確認していない各部署から直接、工場責任者にあれこれと対策指示が来るのですが、問題を解決することなく、対策費を費やすことを繰り返していました。

また、設計部は、「設計図の標準化と開発リードタイムの短縮」と目標管理シートに書いているものの、品質不良対策の設計変更に追われて本来の設計業務はままならない状態で、常に残業しても間に合わないという状態が続き、結果として営業部からはあきらめの声さえ聞こえていました。

　　しかし、その営業部も、ちょっとした技術的な話が出そうになると、時間のない設計者を得意先との話に引っ張り出している状態でした。営業社員の目標管理シートの多くには、「企画提案力の向上」と書かれていました。

　　コンサルタントは、これらの結果を経営者に報告し、改善策を提示しましたが、残念ながら経営者は自身で改善を行えると判断し、コンサルタントの関与を拒みました。その後、会社業績は低下の一途をたどることとなりました。

【設　問】この会社の問題はどこにあるのでしょうか？　品質保証部、設計部、営業部の目標はどうすれば実現できるようになるのでしょうか？

《理　論》
⇒第6章　177〜185 ページ参照
⇒第8章　220〜223 ページ参照
《解答例》
⇒第9章　230 ページ参照

1　人事考課・目標管理制度を導入した中小企業のケース

Case 4

ある歴史ある繊維卸会社では、人事考課制度、目標管理制度をすでに導入していましたが、間接部門については目標管理制度を導入していませんでした。人事考課制度も形としてあるだけで、「間接部門は全社業績に応じて」がルールとなっていました。「縁の下で支える間接部門は、直接部門である営業を支援するのであって、間接部門の社員が評価Aで、営業がこれ以下の評価BやCとなることはない」という経営者の考え方によって評価されていたのです。

ただ、昨今の繊維卸は中国や韓国企業などの攻勢に押され、ビル賃貸業などで利益を捻出しているところも多く、この会社もそうでした。

総務部は、この不動産の管理を行い、また、少しでも低い金利で資金を調達したり、少しでも高い利息をもらえるよう調べて新規の銀行に口座を開いたり、すでに取引している銀行などと交渉したりしていました。また、営業マンの転勤に伴う社宅の手配などにあたり、大手賃貸住宅業者あるいは地元の賃貸住宅業者との折衝もしています。また、人材育成のため、階層別研修のほか、営業部門から上がってくる課題に合わせて、教育機関と共同で研修の企画を行っていました。

【設　問】この総務部の人事考課、目標管理制度のあり方についてあなたはどう思いますか？　これは、たとえば製造業であっても「間接部門の成果については、数値化できない。定性的で難しい」とされ、多くの企業であいまいに運用されているのではないでしょうか？　間接部門は、本当に目標を数値化することは難しいのでしょうか？

第1章　人事考課・目標管理制度の運用状況を考える

《理　論》
　　⇒第 6 章　162〜163 ページ参照
　　⇒第 6 章　173〜174 ページ参照
　　⇒第 6 章　189〜190 ページ参照
《解答例》
　　⇒第 9 章　232 ページ参照

1　人事考課・目標管理制度を導入した中小企業のケース

　ある印刷製版会社では、経営者が、夜遅くまで仕事をしている社員をいつも褒めていました。しかし、この厳しい経済状況のなかで、原材料費は高騰する反面、販売単価は下がる一方で、利益が落ち続けていました。このため、賃金を下げ、利益をなんとか維持させようと考え、コンサルタントに賃金制度の改定を依頼しました。

　これを引き受けたコンサルタントは、賃金改定よりも先に生産性の向上に努めることにしました。手順としては、後述の通り、まず現場の監督者を顧客指向にさせるため、経営環境分析（SWOT分析）をすることから始めました。この理由は、人事制度を厳しく運用し、賃金を抑制できたとしても、そのぶん残業をすることが目に見えて明らかだったからです。

　ある意味、現場の従業員は市場の厳しさを知らず、真面目に作業をしています。このため、自分たちが普段購入している物が安くなっていることを知りながら、自分たちが生産している物が安く売買されていることを、自ら営業をしているわけではないので実感として持つことができていませんでした。

　経営者は業界における品質レベルには自信があったものの、業界1位の競合には売上高で大きく引き離されていたこともあり、利益において業界No.1を目指すことやそのために借入金を大幅に圧縮することを中長期での目標と捉え、今年度の方針を出しました。

　これを踏まえ、現場第一線で働く全部門リーダークラスからの情報でSWOT分析を行った結果、多くの経営課題が出され、各部門のリーダーはそれぞれに課題を分担し、各々の目標、課題として目標管理シートに書きました。

　その後、各リーダーが書いたシートは部下たちに示され、各部下もリーダーの目標を受け、具体的に何をするかをマトリックスの形にし、自ら取り組むべき仕事として具体的に目標数値を掲げ、まとめました。これをすることで、部門責任者が何を目指そうとしているかを理解することができ、何よりも現状を認識することができま

した。

つまり、自分たちが属する市場の規模はどのくらいで、過去から現在、そして将来においてどのようなトレンドを描いているのか、競合はどのような動きをしているのか、そして自分たちがつくっている商品がどのように競合と比較、評価され、得意先で使われているのかなど、営業や原材料供給業者の力を借りつつ分析したことで、自分たちがこれまで誇りを持って行ってきた仕事の価値がなくなっていたこと、また、このままの生産性では会社の経営がさらに厳しさを増すことに気づいたのでした。

半期、頑張って取り組みましたが、新たなやり方や調査・分析もすぐに答えが出てこないこともあり、締めてみると結果は散々でした。しかし、次期に向けて無駄になるようなことはなく、今期に間に合わなかっただけで調査・分析も進んでおり、先が見えたことから、あるリーダーは自己評価を納得のCとしました。部下たちもリーダーのこの姿勢を見て、人事考課結果において多くの社員は評価Cを受け入れざるを得ませんでした。

コンサルタントが現場を歩いていると、ある部門のリーダー格（職制上のリーダーではない）の社員が「なぜ、私がCなのか」と納得していない様子で質問してきました。その理由は明らかで、規程で決めていたフィードバックを管理監督者がしていなかったのです。他の職場のリーダー格の社員にも、評価に納得していない者がいました。

コンサルタントはすぐに会議室に管理監督者を集めて、なぜフィードバックをしていないのかを尋ねました。すると、「フィードバックする自信がなかったのです。また、フィードバックするほど部下たちの行動を見ていませんでした」という返事でした。コンサルタントは、今回の人事考課結果の精度に疑問は持ちましたが、そんなことよりもこの真面目に取り組もうとしている管理監督者の姿勢に感服したのです。

管理監督者の「もう一度、人事考課者訓練をしてください」との提案もあり、会社は再度、訓練を実施しました。これ以降は、この

◆　会社では中期経営計画に基づき、しっかりと目標設定もされ、人事
◆　考課のフィードバックもされています。
◆　　この後、仕事価値を基準とする役割等級人事制度と役割給が導入
◆　され、会社の業績、個別の人事考課結果によって昇給、賞与が変動
◆　することになりますが、社員はこれを当然のように受け入れ、日々
◆　の業務に取り組みました。数年後、労働組合委員長は、「昔の体質
◆　のままだったら、今、この会社はなかったかもしれなかった」とコ
◆　ンサルタントにつぶやきました。
◆　　残念ながら、中期経営計画の達成というところまでには至ってい
◆　ません。改善速度も遅く、労働生産性は上がる余地がまだまだあり
◆　ますが、経営計画策定当初、予測できなかった事情（供給業者の突
◆　然の事業撤退）での大型設備の入替えによる設備投資を除けば、ほ
◆　ぼ目標達成している状況です。
◆　　今や部門責任者は経営者から大幅な権限委譲をされ、自部門の数
◆　値を把握し、利益を考え、設備投資計画、採用計画などについても
◆　部門計画を見直しつつ会社業績に貢献しています。また、工場長た
◆　ちは、次の工場長候補、課長候補がまだまだ少ないことも認識して
◆　おり、配置・昇級も含め能力開発の面も経営計画にしっかりと盛り
◆　込むことを確認し合っています。
◆

【設　問】この会社の人事考課・目標管理制度の構築、導入の
　手順をあなたはどう思いますか？　この会社の成功要因はど
　こにあったのでしょうか？

《理　論》
　⇒第３章、第５章、第６章、第７章参照
《解答例》
　⇒第９章　233ページ参照

2 これまでの人事考課・目標管理制度の問題点

　これらのケースにあるように、企業では人事考課、目標管理制度が多くの問題を抱えたまま運用されています。経営目標、経営計画が経営者から明確に示されていない、あるいは経営者の場当たり的な発信によって歪んだ方向に組織運営がなされているなかで人事制度の再構築がなされ、人事考課、目標管理制度が運用されているのです。

　また、職能資格制度において特に当てはまることですが、評価基準やルールが不明確であったり、経営者が基準に従わず想いだけで評価を実施しているようでは組織的公正は成り立つはずもなく、組織をますます沈滞化させてしまうことになります。

　さらに、経営者だけでなく評価をする側、つまり管理監督者の役割も重要です。経営目標をしっかりと理解し、それを部下にわかりやすく展開しているか、他部門との壁をつくり自部門の利益になることだけを考えていないかなど、（部門最適も必要ですが）部門を越えて顧客のために全社最適を追及することが必要となります。しかし、管理監督者は官僚的になり、結果として顧客の立場に立った組織運営がされていないのが実情です。

　バブル経済崩壊までの右肩上がりの日本経済のなかでは、このような組織運営であっても大きな問題となっていませんでした。しかし、これまでのような緩い基準、甘い運用では、いくら従業員を家族のように思い大切にしているからといって、昨今のグローバルな競争下で勝ち残ることはできないでしょう。不透明だからこそ、明確にビジョンを示し、従業員が新しい脅威にどのように対応し行動したかをみることが重要となってくるのです。このために人事制度を経営戦略に同期化させ、人事考課や目標管理は、潜在能力で評価するのではなく、「組織（戦略）からの期待行動」を明示した役割基準をもとに、プロセスの評価を含め、

絶対評価することが求められてくるのです。

　次章からは、これらの問題点に対し、それぞれの制度の歴史、理論、意義、目的からどのように制度を構築し、運用していかなければならないかについて述べていきたいと思います。

第 2 章

人事考課制度・目標管理制度
の歴史と意義

1 人事考課制度の歴史

　日本の人事考課の歴史は、律令時代に始まるとされています。

　日本書紀では、聖徳太子によるものとされる十七条憲法の第11条で、「明察功過、賞罰必當。日者賞不在功、罰不在罪。執事群卿、宜明賞罰」とあり、「功過を明らかに察して、賞罰を必ず当てよ。このごろ、賞は功においてせず、罰は罪においてせず、事を執る群卿、宜しく賞罰を明らかにすべし」とあります。

　平城京（710～784）において、役人たちの勤務評定に考選木簡が使われています。中国には功過思想と呼ばれる考え方があり、それは大まかに言えば、天は人間の「行為」を逐一監視しており、善い行いには賞を、悪い行いには罰をその「報い」として与えるというものです。なお、考課の元である「考課令」は、「考仕令」＝勤務評定、「課試令」＝登用試験の両方をまとめたものです。

　この律令制の考課において受領（国司）に対する成績審査は行われていましたが、律令制衰退後、財政的事項（徴税実績）を評価の重点項目とし、責任範囲を任中分に限定した「受領功過定」が始まりました。ただ、この受領功過定も、知行国制度の導入、臨時賦課の増大など税制そのものの変化によって審査内容自体が実態を伴わなくなったために形骸化が進み、平安時代末期にはほとんど行われなくなりました。

　その後、近世には「論功行賞」という恩賞の査定・授与があり、江戸幕府が倒れた近代以降、明治新政府の下で陸軍省・海軍省が設置され、後にそれぞれの省に人事局恩賞課が置かれたほか、功績調査部なども置かれました。

　明治5年1月に横須賀造船所において制定された「職工規則」によれば、「諸職工及人夫ノ賃金増減ハ、自今春秋両度ニ施行スルベシト雖モ、特別工業（仕事）ニ勉励シ抜群技能ニ上達セル者ハ褒賞トシテ臨時

ニ増給スルコトアルベシ」とされ、技能は年を経るに従って蓄積され上達していくことから、減給規定を考慮すれば、賃金査定の基準は技能よりも勤勉さにより比重がかけられていたと考えられますが、ここに現代日本の人事査定の原型が形成されたものとも言われています。

　しかし、現在用いられているような人事考課制度については、19世紀の初頭にスコットランドの紡績工場主ロバート・オーウェンが「character book」を各従業員に与え、毎日の勤務状態を記録させ、成績の良し悪しを「character block」に色分けしたのが公式の人事考課の最初と言われています。1915年には、ニューヨークのロード・アンド・テーラー百貨店が、健康・容姿・態度・積極性・勤勉性・正確性・誠実性・協調性・責任感・知識の要素を用いた考課を実施して成功を収めていました。1917年には、スコット（Scott. W. D.）を中心として「アメリカ軍隊評定尺度」がつくられ、配置や昇進やその他の人事管理のために活用されました。第一次世界大戦後、これら軍隊内の制度を心理学者が民間の企業に導入し、また、大企業や中企業は心理学者をフルタイムで雇い入れ、その指導の下に人事考課の発達を図り、雇用手続やその他の人事管理面においてめざましい変革をもたらしました。

　アメリカにおいては、1923年に人事分類法によって公務人の考課が行われるようになり、その後、急速な一般化を遂げて、人間を判定する最も重要な方法となるに至りました。

　そのような流れの下、1920年代に、さまざまな経営管理手法や人事労務管理制度がアメリカから少数の日本企業に導入され、第二次世界大戦後大規模に導入されるに至ったときに、人事考課制度も広く日本企業に導入されたと言われています。特に、昭和25年頃からアメリカの近代的人事考課制度が紹介され、労務管理が近代化され、戦前の主観的・包括的な評定に代わって客観的・分析的な近代的方法が一般にとられるようになりました。

2　人事考課制度と目標管理制度の意義

　従業員は選考を経て採用され、教育訓練を受けて職場に配置されますが、配置後一定の期間を経たときには、その配置された職務をどの程度十分に行ったか、またどのような勤務ぶりであったかなどを経営側としては知る必要があります。そして、本人の能力が新しい仕事ができるほど発展したか、あるいは逆にその仕事に不適合であるかが明らかになれば、現在の職務から他の職務に昇進ないし配置転換をすることが、労働能力の質の無駄のない有効な利用として必要です。

　このため、要するに現職務の遂行度や昇進ないし配置転換の必要性を知るために、本人の能力や勤務態度、勤務成績を明らかにしなくてはなりません。これが人事考課です。

　つまり、人事考課の意義は、「経営方針・目標、経営計画と連動して期待される個々の従業員の能力や勤務態度、業績を、合理的に作成された一定の考課要素に従って、直接上司その他が査定する手続きである」となります。

　また、目標管理の意義は、「組織目標を達成するために、組織目標と従業員個々の目標を有機的に一致させ、個人を動機づけながら組織の力を最大限に発揮することを目指す組織運営の方法である」となります。

　このため、目標による管理は、組織の管理監督者が共同して組織共通の目標を見極め、彼ら（管理監督者）個々人に期待される成果という点から管理監督者ごとに個別の主要責任範囲を明確化し、各組織単位を運営してその指揮監督下にある従業員個々の貢献度を評価する際の指針として上記考課要素などを使う一連のプロセスということになります。

3　人事考課の限界と　科学的なアプローチ

　そもそも人が人を評価することは非常に難しいものです。人の能力や性質には大きな差があり、簡単には変化しません。また、1つの特殊な能力に優れていても、他の能力では劣るといった具合に、人の能力の有無は簡単には決め難いものです。また、人の性質ということになると一層多様であり、そのうえ、その時の場面場面でまるで違った現れ方をするので、容易に全貌を捉えることができません。また、考課者である上司は部下のすべてを観察できていないうえに、慣行や勘、情実が評価に入ってしまいます。

　だからこそ、以下の3つの原則が求められ、これに従った科学的なアプローチが必要です。

---

①　人の能力や性質を判断するには、この個々の目標を、具体的な場面ごとに分析して取り扱う必要がある
②　判断は主観的、抽象的な推定によらず、必ずその人に何らかの仕事、課題を与え、それに対する行動ならびにその結果という客観的事実に基づいて行わなければならない
③　いくつかに分析された判断の結果を結合する場合には、その結果の相互間の関係を十分に研究して、それを合目的的、合理的に総合して取り扱わなければならない

---

4 目標管理制度の歴史

　目標管理制度の歴史は、やはりF・W・テイラーにまで遡ることになります。労使対立が激しくなっていくなか、テイラーは、労使共通の基準として「標準」（標準作業、標準時間）を設定し、標準以上で仕事をした労働者には高い賃金を支払うという「差別的出来高給」を唱えました。これは現代における成果主義人事の原点とも言えます。

　標準を達成すればこの切上げを招くというラチェット効果[※1]のため、これが組織的怠業を生むことになってしまったことは確かですが、一方で、ソ連においてレーニンが1913年、「テイラー・システムは機械による人間の奴隷化だ」と批判していたにもかかわらず、その後、国家近代化のために積極的に科学的管理法が研究、学習、応用されることになります。1920年代、小集団活動と合わせて、「NOT（ノット）」（科学的労働組織）がつくられましたが、このなかで「標準」、つまり基準労働量のことをNORUMA（ノルマ）といいました。

　1920年、レーニンは演説のなかで、生産ノルマの設定に賛成し、また、同年12月の第8回ソビエト大会での演説においても、当時実施されていた現物褒賞制に触れ、「労働戦線で英雄精神を発揮しつづけている人々に報酬をあたえなければならない」と述べ、さらに、1921年3月の第10回党大会の決議では「労働支払いと生活物資の分配は、労働ノルマ化の諸成果に完全に合致して行われねばならない」と書いています。

　我々が目標管理、方針管理のなかで、「目標」との対比で、できる限り使用しない「ノルマ」はここで生まれていることになりますが、科学的管理法から生まれた「標準」「ノルマ」は紛れもなく目標のことをいいます。

　その後、科学的管理法を補完するものとして始まった研究（ホーソン

実験など）によって、組織的怠業の原因をインフォーマルな集団による心情的で非論理的な行動とした人間関係論が提唱され、管理において「人間的側面」を強調しすぎるきらいがありました。

1950年代から1960年代にかけて数多く研究がなされ、人間関係論的アプローチは必ずしも生産性向上に結び付かないということが次第に明らかとなりました。そして行動科学における多くの研究成果が、人事の実践面でより技術的・革新的なアプローチの開発を促進していきました。

第二次世界大戦中、イギリスやアメリカにおいて、軍事目的としてオペレーションズ・リサーチ（OR）[※2]技術が開発された結果、こうしたOR技術や経営科学的な手法が発展しました。マネジメント分野においては、管理者は組織目的を達成するために目標を設定し、システムを設計することが必要であるとされ、そのためにマネジメントの数量化・マニュアル化が求められるようになってきました。

そしてこの頃、アメリカの数学者フォン・ノイマンは、選択できる事象の起こる確率がわかっていたならば、期待される効用も推察できることを、応用数学を用いてゲーム理論としてまとめ、戦略を「特定の状況に応じて決定される企業がとる一連の行動」と定義し、またP. F. ドラッカーは、企業の現状を分析し、その状況を変える必要がある場合の手段として戦略を描きました。

1954年にドラッカーが『現代の経営』（ダイヤモンド社）のなかで提唱したのが組織マネジメントの概念であると言われ、ドラッカーは、「マネジメントに関して目標という言葉を使ったのは『現代の経営』が初めてである。この本以前には、目標という言葉は、マネジメントに関する文献のどこにも現れていない」としています。これはマネジメント分野における文献上の話をしているだけで、実務的にはこれ以前から存在しており、目標管理という組織運営のためのシステムをドラッカーが考え出したわけではなく、むしろドラッカーは「目標と自己統制による経営」について述べ、目標管理の方向性を示したと言えます。

その後、1963年にドラッカーの考え方をさらに具体的に展開したのがエドワード・C・シュレイで、『リザルト・マネジメント』が紹介

4　日標管理制度の歴史

されるに及び、業績目標といった複数の目標やバランスが崩れるのを防ぐ反対目標などの必要性、結果に対する責任（accountability）と権限（authority）を明確にすることの重要性を具体的に説いています。また、ドラッカーの目標による自己統制と同じですが、より結果を重視し、個人の大幅な自由裁量に委ねようとしました。さらに、ラインとスタッフの間の目標や責任など運用上重要となる問題についても言及しています。

　デール. D. マッコンキーは、「目標管理は、組織目標を分析し、それを達成するために上司と部下の双方が合意できる目標を設定する管理プロセスである。その目標は、明確で、数値化され、時限的であり、行動計画を伴うものである。評価面接では、上司と部下の双方が納得した業績基準に基づいて進捗度と目標達成度が評価される」と整理しています。

・・

※1　ラチェット効果とは、高業績をあげると、次の期には前期よりも高い目標が課されるという現象のことである。
※2　オペレーションズ・リサーチ（OR）とは、「経営組織体が、最大の成果をあげるために、限られた資源（人員、材料、資本、設備など）を合理的かつ最適に運用する仕事を、科学的な方法によって行うこと」、すなわち「作戦研究」のための方法論である。

第2章　人事考課制度・目標管理制度の歴史と意義

5 目標管理の理論

　目標管理は、BSC（バランススコアカード）、方針管理、ノルマ管理と同様、組織運営のためのシステム（手段）であり、この運営のために確認しておかなければならない理論は、まさに科学的管理法に始まるこれまでの経営管理理論すべてといっても過言ではありません。近代経営学の父、アンリ・ファヨールは、管理の原則（全体的利益優先の原則）のなかで、「全体的利益を優先させるべきではあるが、個々の従業員の利益と一致させる手段を講じることが必要である。この手段として、上司が毅然として、できるだけ公平な協約を作り、絶えず監督が必要である」としています。

　目標管理と言えば、マグレガーの『企業の人間的側面』とドラッカーの『現代の経営』が取り上げられることが多いですが、これらのみで目標管理を語ることは、一方向からでしか目標管理を捉えていないことになるでしょう。すでに述べたように、科学的管理法による標準作業、標準時間に基づく課業管理と差別的出来高給制が目標管理の原点であり、これを外して運用はできません。

　一般的に、科学的管理法は工場レベルでの適用に集中していたと言われますが、これはテイラー自身の思想であって、テイラーの死後においては、科学的管理法は第一次世界大戦中に、戦時生産の権限と統制を国家機関に集中させるように要求していますし、ニューヨーク市などの行政能率化にも取り込まれています。また、労働者の経営参画や団体交渉の必要性も認めています。

　ただ、科学的管理法は、標準（ノルマ）と重なって人間性を阻害するシステムであると倦厭された一方、目標管理と言えば、マグレガーの『企業の人間的側面』（McGregor "The Human Side of Enterprise" 1960）の登場が非常に大きな影響力を及ぼし、これは「仕事」と「人

間」の結合という視点から、目標管理を補完するものとなりました。

　しかし、このマグレガーのY理論（人間はそもそも自己実現の努力を
するもので、能動的で独立した状態を好み、全体的な関心や長期的な展
望を持ち、多様な行動様式とはっきりした自意識を持つ存在だとする崇
高な人間観）で組織と個人の利害が統合されるとする見方はあまりに一
方的で、現実問題として多くの組織の成員に当てはまらないのです。特
に、現在のように経営環境のめまぐるしい変化と世界的な大不況によっ
て雇用不安を抱えている人間が、マズローの欲求段階でいう下位欲求で
すら危機感を持たざるを得ない状況の下、Y理論に立脚した経営をする
ことは非常に難しいことは間違いありません。

　マズローの欲求段階説[※3]には、さまざまな批判もあります。「なぜ5
つの欲求が選ばれたのか」「5つの欲求を独立に抽出することは困難で
ある」「欲求は相互に重なり合っており、必ずしも低次の欲求から高次
の欲求に移行しない」などの批判です。

　また、マズローの理論は科学的に検証できてはいませんし、アメリカ
の心理学者マクレランドや後述するアントキソンの達成動機について
も、その動機のみで生産性に言及することはできていません。

　ただ、自己実現という概念は、パーソナリティ研究において哲学的な
パーソナリティ理念型として論じられてきましたし、達成動機に関して
も、実験的な研究によって達成動機の強い人の目標設定の高さや業績の
高さを実証していますが、現実の組織事象への適用についての研究は少
ないのです。

　また、達成動機の複合状態が管理者の成功条件の1つとなることはマ
クレランドによって指摘されていますが、この種の動機の複合状態に関
する一般社員を対象とした研究はそれほど多くありません。

　人間関係論によって、計画、統制など管理することを放棄し、心情的
な人間関係を重視したニコポン主義（まあまあ主義）管理が蔓延したよ
うに、目標による管理についても、その目的が本来の企業目的を達成す
るための手段であることが忘れられ、人間的側面が強調されすぎ、本来
の経営目標等ではなく組織の活性化や動機づけそのものが目的となって
しまったことが、どれだけあったでしょうか。また、これらの理論が、

いかに現代の目標管理制度の運用を偏ったものにしてしまっているでしょうか。

実際、マグレガー自身、「権限による人の統制も場合によっては良いこともあるのは明らかである。特に、目標を心底から納得させられない場合はそうである」と述べています。

そこに、会社の業務がわかっていないのに人事制度を構築すると言う、経営システムを構築できないのに経営品質の向上という、経営計画、経営戦略を策定できないのに経営理念が大事と言う、そして何よりも多いのが、組織や従業員の成熟度を無視し、「組織は人間で成り立っているのだから、これらの人々を動機づけることが何よりも大切です。だからこそ理念と人事考課、目標管理制度の導入が必要なのです」と当たり前の綺麗事をもっともらしく言う人事コンサルタントの存在があり、これがさらに人事考課、目標管理制度をいい加減なものとしていると言えるでしょう。

会社の目的・目標は、いくら経営理念が優れていてそれがたとえ浸透していようが、また、いくらパーソナリティ論やモチベーション論を強調したところで達成できるものではありません。企業の管理システムの成熟度のほか、従業員の成熟度もあります。いくら従業員のモチベーションを上げようが、基準、プロセス、システムに沿って仕事が要求するものに従業員を向かわせ、役割を実行することができない限り、それ（会社の目的・目標）の多くを達成することはできないのです。

・・

※3　マズローの欲求段階説とは、人間の欲求を低次から高次の順で分類し、5段階の欲求階層として示したものである。生理的欲求、安全の欲求、所属と愛情の欲求、尊敬と自尊の欲求、自己実現の欲求の低次から高次の5つの欲求がある。

5　目標管理の理論

6 人事考課制度・目標管理制度の目的と機能

　人事考課制度と目標管理制度の目的は、組織の成果とこれを構成する従業員の成長とを同時に達成する企業文化づくりをすることにあります。そして、そのため、人材のパフォーマンスを向上させ、業務プロセス革新などイノベーションの基礎づくりをすることが必要です。これらはすべて人のマネジメントが求められ、これらを実現するため以下の機能があります。

1 経営戦略実現のためのツールとしての活用

　経営戦略を成功させ企業を存続していくためには、従業員1人ひとりの行動をあるべき方向へ導き、従業員各人の能力を積極的に開発し十分に活用することが不可欠となります。そしてそのためには、従業員が企業理念と行動指針を理解したうえで、企業が策定した戦略にコミットメントして事業を成功に導く努力をし、成果をあげているかを「みる」必要があります。

　人事考課は、従業員1人ひとりの日常の職務行動を通じて、各人の職務遂行度や業績、能力を細かに分析・評価し、これを人事管理の全般または一部に反映させる仕組みです。そこに透明性と誠実性がなければ、人事考課は意味を持たないことになります。

2 人事管理のさまざまな決定のための基礎資料としての活用

　人事考課の結果は、第一に報酬（昇給と賞与の決定）、昇進・昇格・

降格などの人事異動、第二に昇進のための実績改善で何をすべきかのコーチング、第三に能力開発のための教育訓練、第四に要員計画の策定など人事管理のさまざまな領域で人事決定の情報として活用されます。

　欧米では、このような人事決定のほかに、従業員の業績が悪化した場合に解雇するかどうかの決定にも活用されています。

❸　マネジメント・ツールとしての活用

　管理職の管理機能は、よくPDCAと言われますが、具体的には次の5つがあります。

　まずPlanは「予測すること」、つまり、未来を検討し、活動計画を立てることを言います。管理職は経営目標を設定し、これをどう達成していくかを検討しなければなりません。このため、読めない未来に対し、リスクを含め、できる限り多くの情報を集め、その情報を体系化、細分化し、少しでも通常の業務レベルでの処理ができるようにすることが必要です。そのうえで、未来を予測していくことが求められるのです。

　次にDoです。これは一般的に「実行する」と言われていますが、管理職の仕事における実行とは、部下のために計画を実行するための環境づくりをしてやり、部下を機能させるために明確な司令を与えることを言います。環境づくりは、「組織すること」とも言い、物的・社会的二重側面を備えた企業の組織を構成すること、つまり、計画実現のために必要な設備などの手配や人材の割り振りを考えてやることです。

　そして、Check、Actionとして、部門を越え、すべての活動と努力を結集し、行動を統一し、調和させること、そして、計画の進行確認およびそれとの差異がある場合の計画自体の見直しが求められます。

第3章

経営管理を支援する人事考課・
目標管理制度の構築方法

1 職能資格制度における人事 考課・目標管理制度の問題点

　職能資格制度において評価される「能力」には、顕在能力（営業成績等の具体的な業績）、企業・上司からの期待される潜在能力・保有能力、知識・技能、意欲態度などの要素があります。職能資格制度の呪縛にある方は、この「潜在能力・保有能力」を長期的な人材育成の観点から賞賛していますが、経営戦略が欠如している会社（特に多くの中小企業）において具体的に示すことができない能力（行動）をどう開発し、評価するのか、またそれ以前に、そもそもこのような曖昧にしか示すことができない潜在能力を等級区分できるのかという疑問に対しての答えは持ち得ていないのです。

　また、この「潜在能力」について、「伸び続ける」という誤解を前提としたなかでの管理が年功序列を助長してきたという面も見逃せません。ローテーションによる半ゼネラリスト・半スペシャリストという人材育成は結果として他社（労働市場）では通用しない人材の育成でしかなかったのです。

　ドラッカーは、「今日、評価のための手法の多くが、その利用にあたって、専門家とくに心理学者の力を必要とするようなものになっている。しかも、経営管理者の評価のためのそれらの手法は、潜在能力に焦点を合わせている。心理学的には当然のことに思われる。しかし、間違っている。ある人物の評価は、その上司たる経営管理者の直接の責任である。そして評価は、つねに実績としての成果に焦点を合わせて行う必要がある」と述べ、また、「評価は仕事に対して行わなければならない。評価とは判断である。判断にはつねに基準が必要である。判断とは、一定の価値を適用することである。明確かつ公にされた基準に基づかない価値判断は、理不尽であって恣意である。評価する者とされる者の双方を堕落させる。したがって、いかに科学的であり、いかに多くの

洞察を与えてくれるものであったとしても、潜在的な能力や、人柄や、将来性など、証明済みの仕事ぶり以外のものに焦点を合わせる評価は、力の濫用である。しかも、長期的な潜在能力についての判断ほど頼りにならないものはない。われわれ自身が、人間を判断する者として頼りにならない。しかも潜在的な能力ほど変化するものはない。長期的な潜在能力を評価しようとすることは、モンテカルロで胴元をつぶそうとするよりも見込みのない賭である。しかも、その評価システムが『科学的』であるほど、ギャンブル性は高まる」（『現代の経営』ダイヤモンド社）と潜在能力を評価することを喝破しています。

　しかし、1990年代後半での成果主義人事制度が結果につながらなかったこともあり、昨今、職務等級制度や役割等級制度と銘打ってなされる人事制度のなかにも、職能資格制度まがいで、ごまかしの人事制度となっているものが少なくないようです。

　この状況は、戦後間もなく職務等級制度が熱心に研究された結果、ほとんど普及しなかった状況と似ています。それを「日本的」と言えば聞こえは良いかもしれませんが、市場において勝つためにどう考え、どのような人事制度を用意しなければならないかという戦略的思考がここに至ってもやはり欠如しているとしか言いようがありません。

2 戦略の実現のための 4つの行動

　役割等級人事制度は、経営戦略と人事戦略を同期化した人事制度であり、経営戦略を実現するために従業員に期待されている結果とこれを達成するための行動を定義し、測定、評価していくことが、役割等級人事制度における人事考課、目標管理制度となります。

　そして人事考課や目標管理制度で定義し、測定、評価すべき行動とは、会社が経営計画で決めた目標に沿ってそれぞれの役割において期待される役割行動であり、結果ということになります。また、この目標は中長期で立てることになりますが、毎年見直しを図りながらも、毎年の目標が達成できるよう行動を変えていくことが求められます。これらの行動を整理すると、次の4種類の行動（仕事）になります。

●時間軸で見た仕事（行動）の種類●

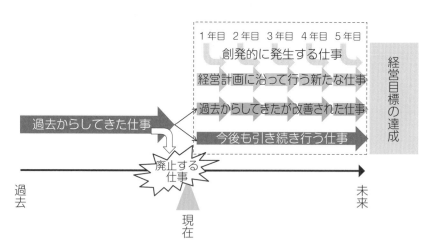

第3章　経営管理を支援する人事考課・目標管理制度の構築方法

1つ目は、過去から引き続きやらなければならないような基本的な仕事（定型業務）です。

　2つ目は、この定型業務も含め、過去のやり方のままでは行動（仕事）の効果が芳しくないものの、比較的単純な改善によってできている仕事（問題が発生しないように改善された仕事）です。

　3つ目は、これからの目標のために新たな挑戦が必要な、戦略的な新しい行動（仕事）です。

　これらの3つの行動（仕事）に加え、そこに4つ目の行動、すなわち「環境や状況認識の変化に適応しながら創発的に発生する行動（仕事）」が必要です。

　これは、戦略的意図に基づく行動と、価値共有（経営理念など）に支えられた創発的行動の両立があって、初めて経営目標が達成できるということです。

　ただ、4つ目の行動につき、何らとるべき行動（仕事）も決めずに「環境に合わせて戦略的に行動を変え、結果を出しなさい」とする創発的な戦略論は、顧客に提供すべき価値を明確に示した企業の、しかもよほどの能力があり、かつ自律した従業員のみがなせる業です。多くの会社の多くの従業員は、3つ目の「経営計画に沿って行う新たな仕事」や、場合によっては2つ目の「比較的単純な改善によってなされる仕事」でさえ、やはり決めたことすらやらない、あるいはできないものです。「やらない」理由は、これまでの行動を変えることへの不安であり、抵抗です。「できない」理由は、そもそも知識がない、あるいはこれまでに経験したことがないからです。

　このため、会社としてはこれらのことを想定しながら、これからの行動（仕事）を役割基準書に書き上げることで戦略面から行動を規定する必要があるのです。そして、このための教育訓練や能力開発をし、また管理監督者がティーチングやコーチング、時にはカウンセリングをしながら、具体的に行動に移させ、結果を見ながら行動を修正させることが必要となってくるのです。

　経営者がいくら経営理念を語り、経営方針を叫んだところで、それだけでは部下の具体的な行動は何も変わらないのです。

　経営戦略の実現のためには4つの役割行動と結果（目標）を管理していくことが必要ですが、これをどのように導き、定義していくかについて述べます。

　次の図表をご覧ください。左側は、現状の業務と行動を洗い出し見直すプロセスであり、右側は、「ありたい姿」あるいは「あるべき姿」から新たな業務と（役割）行動を創り出していくプロセスとなっています。中間にある流れは、左右の流れを統合し、これからの業務とその流れ、役割行動を明確にしていくプロセスとなっています。

　環境や状況認識の変化に適応しながら創発的に発生する行動（仕事）以外の3つの役割行動は、最終的には「役割基準書」として整理されます。そして、役割基準書を作る1ステップ前段階として「あるべき姿のプロセス展開表」があります。実は、これを作成するためにすべてのステップがあると言っても過言ではありません。

❶　「あるべき姿のプロセス展開表」の作成手順

　経営環境分析から経営戦略、経営（実行）計画を策定するプロセスについては拙著『役割等級人事制度導入・構築マニュアル』に譲り、ここでは経営計画の策定以降、「あるべき姿のプロセス展開表」および作成ステップについて述べます。

> **STEP 1**　経営目標、経営戦略および経営計画を確認する（経営課題の確認）

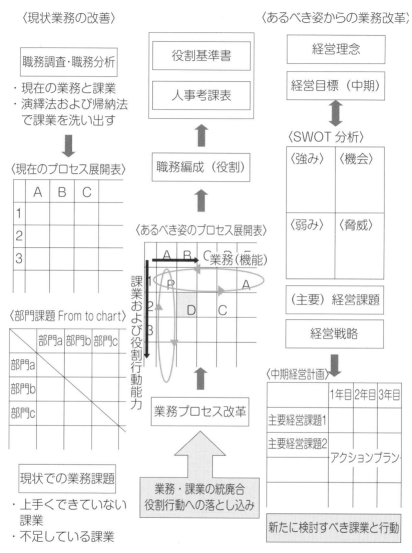

〈現状業務の改善〉　　　　　　　　〈あるべき姿からの業務改革〉

職務調査・職務分析

・現在の業務と課業
・演繹法および帰納法
　で課業を洗い出す

〈現在のプロセス展開表〉

	A	B	C
1			
2			
3			

〈部門課題 From to chart〉

	部門a	部門b	部門c
部門a			
部門b			
部門c			

現状での業務課題

・上手くできていない
　課業
・不足している課業

役割基準書

人事考課表

職務編成（役割）

〈あるべき姿のプロセス展開表〉

課業および役割行動能力

業務プロセス改革

業務・課業の統廃合
役割行動への落とし込み

経営理念

経営目標（中期）

〈SWOT 分析〉

〈強み〉	〈機会〉
〈弱み〉	〈脅威〉

（主要）経営課題

経営戦略

〈中期経営計画〉

	1年目	2年目	3年目
主要経営課題1			
主要経営課題2		アクションプラン	

新たに検討すべき課業と行動

（『改訂　役割等級人事制度導入・構築マニュアル』（日本法令）から抜粋したもの
に加筆）

3　役割等級人事制度の構築手順と人事考課・目標管理制度の設計

STEP 2 組織図を見て各部門と役割（機能）を確認する（組織機能の把握、整理）

STEP 3 部門別に現在の業務調査・職務（分担）調査を行い、業務を洗い出す

STEP 4 現時点において問題が生じている業務があれば、その内容を確認し、解決策を検討する（この検討された解決策によって業務内容および行動が見直されることになる）

　実務的にはこの段階で、解決策として出てきた単位業務、課業および行動については、新たに追加されるものとして網掛けをしておき、今後の重要単位業務、課業および行動としてわかるようにしておきます。

STEP 5 経営戦略と経営計画の実現に必要な機能（業務）を演繹的に検討し、洗い出す

　演繹とは、1つの命題について、論理的思考により推論を重ね、結論を導き出すやり方です。

　ここでのポイントは、どうすれば顧客満足が得られるのか（経営目標を達成できるのか）という観点から、仕事の内容とその流れを改善し、あるべき姿の業務プロセスを描いていくことです。

STEP 6 あるべき姿の業務（プロセス）ごとに課業を議論し、それぞれの課業について具体的行動に落とし込む

　STEP 4 と同様に、実務的には、あるべき姿から議論によって導き出された単位業務、課業および行動は、追加されるものとして網掛けをしておき、今後の最重要単位業務、課業および行動としてわかるようにしておきます。

STEP 7 **STEP 3** で洗い出された業務、**STEP 4** で見直された業務および **STEP 6** で導き出された業務を整理する

業務区分	業務単位	定　義	業務名（例）
大	系列業務	一連の単位業務の集まりを総称	販　売
中	単位業務	小区分の集まり。小分類を手段として、その目的となる仕事	①販売計画 ②販売活動　など
小	課　業	単位作業が集合したひとまとまりの仕事	＜販売活動業務について＞ ①電話営業 ②価格調整　など
細目	作　業	ある目的を持った一連の動作で構成された仕事	＜電話営業業務について＞ ①電話をする用件（事前準備）を整理する ②担当者に電話し、未納品の注文品の進捗状況を伝える ③顧客からの要望を受ける　など

STEP 8　業務プロセスの変革によって組織内に散在しているコア・コンピタンス（競合他社に真似できない、その企業の核となる能力）を、市場・顧客の特性に合わせて組み合わせ、組織力レベルで実行可能となっていることを確認する

STEP 9　既存の職務にとらわれず、経営計画の達成のために必要となる課業・行動を「役割」として編成する

STEP10　編成された役割を「複雑さ」「困難さ」「責任の度合い」などによって役割評価し、等級区分することで役割基準書に落とし込む

　「あるべき姿のプロセス展開表」に書かれた1つひとつの単位業務、課業と行動は新たに括られた役割ごとに基準書として整理されることになり、ここまで整理すれば、役割ごとの職務内容、知識と期待されるスキルが明確になってきます。また、**STEP 4**　および**STEP 6**　で網掛けされた行動については特に今後重要となるものであり、これまでにできていなかった行動（スキル）のため、基本的にはOFF-JTなどに頼ることになると判断できます。

3　役割等級人事制度の構築手順と人事考課・目標管理制度の設計

「あるべき姿のプロセス展開表」には、現状分析と中長期的な目標から導き出された３つの行動（47ページ）が業務の流れと課業で示されています（60ページの例で言うと、Ａの列の「立地（●●●情報）」という課業、「1　●●●本部に入ってくる物件を〜」「2　立地・坪数〜」という作業（役割行動）があります）。また、各課業は等級区分され（60ページの「知識・能力レベル」の行）、考課要素が記されている（同「知識・能力」の行）ことから、役割別の人事考課表に展開できることになります。

　また、プロセス展開表（以下、「あるべき姿のプロセス展開表」を、単に「プロセス展開表」と言います）には、各課業ごとに成果指標、各作業（役割行動）ごとに先行指標を記入することができ、この先行指標の目標数値が達成できれば単位業務の目標が達成できることになります。

　つまり、プロセス展開表を作成するだけで、部門全体の業務目標を、課業の成果指標と目標数値で示すことが可能となることから、各従業員には自動的に目標管理シート上の目標項目および目標水準が設定されることになります。

　ただし、プロセス展開表には必要な技能の感覚的な難易度を示すことができないため、これに関しては別途、感覚や技を言葉に表し、その難易度で作業（役割行動）ごとに等級区分していくことになります。

　経営戦略と人事戦略の同期化は、上場企業の投資家情報のように綺麗に描かれたものではなく、従業員の日常の業務、行動という泥臭いところで実現されるものです。

　後述（184ページ）するように、目標管理の運用において「役割デザイン・マトリックス」を活用し、戦略実現のために部門を越えて議論し合い、また、それ以前から「プロセス展開表」の作成を通してすでに現場を巻き込み、顧客満足を追求した仕事のやり方に変えていくことに自ずとなっていますので、必然的に部門の壁は低くなり、組織は活性化し

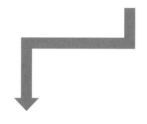

〈あるべき姿のプロセス展開表〉

	A	B	C	D
1				
2				
3				

具体的な行動

〈役割基準書　○○級職務〉

主な役割 （課業）	役割行動内容	業績責任 （業績指標）	備考
A...	①・・・・・ ②・・・・・		
B...			
C...			
D...	①・・・・・ ②・・・・・		

〈人事考課表〉

	考課要素		着眼点（役割行動）	評価
業績	目標達成度			
	業績（質）			
	業績（量）			
役割行動能力	ジョブ	知識		
		技能・技術		
		企画力		
		判断力		
		交渉力		
		指導力		
	セルフコントロール	責任性		
		規律性		
		協調性		
		積極性		

3　役割等級人事制度の構築手順と人事考課・目標管理制度の設計

〈あるべき姿のプロセス展開表〉

課業	A	B	C	D	
1				職務行動と そのKPI （先行指標）	
2				〃	
3				〃	
				〃	

ていきます。

　アメリカの経済学者ハーバード・A・サイモンは、人間は将来が不確実な世界において合理的であろうと意図するけれども、認識能力の限界によって、将来起こり得ることを正確には予測できないが、完全とはいかないまでも、利用し得る限りの選択対象から最良のものを選び出すという、限定された合理性を示しました。つまり、経営戦略の実現による経営目標の達成は、不確実な将来のためにいかに従業員のコミュニケーションが図られ意思決定がなされたかということです。これを避けて戦略の実現はないということを理解すべきでしょう。

❸ プロセス展開表と業績管理の関連性

　プロセス展開表は、課業ごとに成果指標を、作業（役割行動）ごとに先行指標を設定できます。目標値は経営計画から展開され、各課業および各作業によってこれを達成します。部門（部門長）目標は、成果指標とこの目標値で構成されます。そして、部門に所属する従業員の目標は、職務として割り当てられたプロセス展開表の課業の成果指標あるいは作業（役割行動）の先行指標と目標値になります。

　なお、経営計画書上の重点目標については、その達成を確実にするために、関係する成果指標と先行指標を「目標体系表」として各部門であらかじめ作成します。

　57ページの表は、ある製造業の資材課倉庫グループの目標体系表です。

　この会社では、重要得意先の指定納期および出荷数量（出荷指示）が日々変動するために、生産計画の変更が常に行われていました。部材の調達も混乱しており、このため入荷日も不安定になっていました。その結果、部材の受入れミスだけでなく、入庫から生産ラインへの出庫が間に合わない事態や、出庫間違いから生産ラインが一時的に停止するなどの生産障害が多発していたのです。

　58〜59ページの表は、これを改善・改革するために作成されたプロセス展開表です。

　この倉庫グループでは、上位目標である資材課としての重点目標（①在庫削減と②部材出庫方法の改善）を受け、資材グループとしての目標を設定しました。これが、「出庫方法の改善」、「材料在庫削減」、「品質の向上」です。

　出庫方法の改善については、業務Ａ（部材の入庫）、Ｃ（部材の出庫）、Ｄ（欠品連絡）という課業で実現することにしました。それぞれの課業には、業務Ａは「入庫ミス件数」、Ｃは「出庫ミス件数」と「出庫遅れ件数」、Ｄは「欠品連絡漏れ件数」という成果指標として設定されています。

次に、目標達成に関連するものとして抽出されたこれら課業には、それぞれ作業（役割行動）が決められており、またそれぞれに先行指標が設定され管理されています。つまり、部材の出庫を確実にするためには、C業務の目標である出庫ミス件数を削減することが求められ、この実現のためにはC業務の作業であるC1～5の作業を確実に遂行することが求められます。この遂行度合いを測るものが、各作業の先行指標となります。

　出庫ミスの削減は、部材出庫指示を間違えて理解しないこと（C1）、出庫指示を間違いなくピッキングリストにすること（C2）、ピッキングリストに従って間違いない出庫をすること（C3）で実現できます。また、出庫遅れの削減は、ピッキングリストに従って速やかに出庫すること（C3）、出庫した部材のシステム入力を速やかに確実に行うこと（C4）、不流通在庫の使用についての速やかな品質保証部の評価業務がされること（C5）で実現できます。

　また、経営計画上の重要目標だけではなく、一般層の従業員に対しても課業や作業（役割行動）での達成度評価が可能です。このように、プロセス展開表さえ作成しておけば、上位目標から課業、そして下位目標までを体系的に設定することができ、業績管理のための重要なツールとしても活用できます。

● 目標体系表（例）　●

部門目標	目標（改善取組）	業務コード／業務名	成果指標	現状値	目標値	先行指標	現状値	目標値
■在庫削減 資材倉庫回転日数10日以内 ■部材出庫方法改善および安定供給部材遅延による生産障害ゼロ	【目標1】 出庫方法の改善	A／部材の入庫	【成果指標1】入庫ミス件数			【先行指標1】 A 1 検収間違い・検収漏れ件数 A 2 受領印研修日付間違い件数 A 3 納品伝票入力ミス・処理漏れ件数 A 4 部材置場間違い件数		
		C／部材の出庫	出庫ミス件数 出庫遅れ件数			C 1 出庫指示確認漏れ件数 C 2 リスト展開ミス件数 C 3 出庫ミス件数 C 4 出庫時間（1アイテムあたり） C 5 在庫移動入力ミス・処理漏れ件数		
		D／欠品連絡	欠品連絡漏れ件数			D 1 評価依頼漏れ件数 D 2 欠品部材確認漏れ件数 D 3 欠品情報連絡漏れ件数 納期回答連絡受取漏れ件数		
	【目標2】 材料在庫削減	E／棚卸	【成果指標2】棚卸ミス件数			【先行指標2】 E 1 実棚計画確認漏れ件数 E 2 棚卸品区分け間違い件数 E 3 物流許可品検収漏れ・申請漏れ件数 E 4 棚卸漏れ件数 E 5 実棚原票記入ミス件数 E 6 実棚差異処理申請漏れ件数		
		F／不流通品処理	不流通品処理ミス・漏れ件数			F 1 不流通品確認漏れ件数 F 2 原因調査漏れ件数 F 3 振替処理漏れ件数 F 4 死蔵品申請漏れ件数 F 5 死蔵品処理入力ミス・処理漏れ件数 F 6 死蔵品置場間違い件数		
		G／廃却処理	廃却処理漏れ件数			G 1 使用可否調査漏れ件数 G 2 廃却申請漏れ件数 G 3 廃却処理入力ミス・漏れ件数 G 4 廃却処理依頼漏れ件数 G 5 廃却処理場間違い件数		
	【目標3】 品質の向上	B／受入検査	【成果指標3】検査漏れ件数			【先行指標3】 B 1 検査依頼漏れ件数 B 2 検査結果取込漏れ件数 B 3 部材置場間違い件数		
		H／部材置場管理	出庫時間 保管状態による仕損件数			H 1 問題発見件数 H 2 改善提案件数 H 3 改善承認件数 H 4 協力依頼書発行件数		

3　役割等級人事制度の構築手順と人事考課・目標管理制度の設計

● プロセス展開表（例）●

課署名		A	B	C	D	E	F	G	H
				部署	資材課	倉庫グループ	作成者		
		部材の入庫	受入検査	部材の出庫	欠品連絡	棚卸	不流通品処理	廃却処理	部材置場管理
成果指標		入庫ミス件数	検査漏れ件数	出庫ミス・出庫遅れ件数	連絡漏れ件数	棚卸ミス件数	処理ミス・処理漏れ件数	処理ミス・処理漏れ件数	出庫時間 保管状態による劣化・損耗件数
業務リスク		入庫ミス	検査漏れ	出庫ミス・出庫遅れ	連絡漏れ	棚卸ミス	処理ミス・処理漏れ	処理ミス・処理漏れ	出庫に時間がかかる 保管状態による劣化損耗
1	作業の流れ他	ベンダーから納品された部材の現品と納品伝票を照合し検収する	品質保証部で重要保安部材の受入検査を依頼する	出庫指示ミーティングする部材出庫指示を確認する	欠品部材の品名・数量・生産予定不足などを確認する	実地棚卸計画書と倉庫配置図・担当部材を確認する	半期ごと期末に不流通品を確認する（システム上1年以上入出庫ない部材）	半期末の死蔵品データ・部材使用製品を確認する半	部材保管状態、部材レイアウトなどとの間題点を発見する
機能内容（P・D・C・A）	インプット	納品伝票・部材	重要保安部材	日程表・生産進捗表	ピッキングリスト	実地棚卸計画書	不流通品在庫データ	半期前死蔵品データ	保管状態・レイアウト
	アウトプット	検収済み部材	受入検査依頼書	部材出庫指示書	欠品部材情報	確認済実地棚卸計画書	確認済み不流通品在庫	確認済み半期前死蔵品	問題点
	関連プロセス	品質保証部	品質保証部	生産管理・製造部					同題点
	KPI（先行指標）	検収間違い・検収漏れ件数	検査依頼漏れ件数	確認漏れ件数	確認漏れ件数	確認漏れ件数	確認漏れ件数	確認漏れ件数	問題発見件数
	遂行上のリスク	検収間違い・検収漏れ	検査依頼漏れ	確認漏れ	確認漏れ	確認漏れ	確認漏れ	確認漏れ	問題点に気づかない
2		納品伝票を受領し受領印を押印して部材の受領書をベンダーに渡す	品質保証部より検査結果を受け取る	部材出庫指示を資材倉庫へ部材倉庫ピッキングリストに展開する	資材課購買グループへ部品材の情報を連絡する（購買グループはベンダーへの納期確認連絡をする）	流通品、死蔵品、棚卸除外品（預り品）の区分けをする	不流通品の原因調査をする	使用可能な半期前死蔵品リストを作成し廃却リストを作成する	グループミーティングで保管状態及び置き場レイアウトの改善案を作成する
機能内容（P・D・C・A）	インプット	納品伝票	検査結果	部材出庫指示書	欠品部材情報	実地棚卸	確認済み不流通品在庫	確認済み半期前死蔵品	確認済み保管状態・レイアウト
	アウトプット	物品受領書	検査結果	ピッキングリスト	欠品連絡	区分け	原因調査結果	廃却リスト	改善案
	関連プロセス			資材課倉庫グループ	資材課購買グループ		営業・技術・経理		
	KPI（先行指標）	検収日付間違い件数	受取漏れ件数	展開ミス件数	連絡漏れ件数	区分け間違い件数	調査漏れ件数	調査漏れ件数	改善案件数
	遂行上のリスク	受領印検収日付間違い	受取漏れ	展開ミス	連絡漏れ	区分け間違い	調査漏れ	調査漏れ	よい改善案が出ない
3		納品伝票処理をする（システムに入庫データを入力する、在庫計上する）	分類別部材置場へ部材を移動する（仕入れ払出し）※欠品が見つかった場合はD-1へ	ピッキングリストに基づき部材を出庫する（仕入れ払出し）※欠品が見つかった場合はD-1へ	資材課購買グループへ差し戻しベンダーの納期回答を受け取る	物流停止状態の急ぎ荷品の物流許可申請をする・生産必要部材・海外輸入部材	原因調査結果に基づき振替処理をする	使用不可死蔵品の廃却申請し承認をする	部署長に改善案を提出し承認を得る
機能内容（P・D・C・A）	インプット	納品伝票	入庫部材	ピッキングリスト	納期回答依頼書	緊急入荷品	原因調査結果	廃却品リスト	改善案
	アウトプット	入力済み入庫データ	置場移動済み部材	出庫済みピッキングリスト	納期回答依頼書	物流許可申請	振替伝票	廃却処理申請書	承認済み改善案
	関連プロセス				資材課購買グループ	物流グループ			
	KPI（先行指標）	入力ミス・処理漏れ件数	置場間違い件数	出庫ミス件数・出庫時間	受取漏れ件数	検収漏れ・申請漏れ件数	処理漏れ件数	申請漏れ件数	承認件数
	遂行上のリスク	入力ミス・処理漏れ	置場間違い	出庫ミス・数量間違い・遅れ	受取漏れ・遅れ	検収漏れ・申請漏れ	振替処理漏れ	申請漏れ	承認が得られない

以下は、機能分析表（縦書き・横倒しの表）の内容です。表は機能ごとに「機能内容（P・D・C・A）／インプット／アウトプット／関連プロセス／KPI（先行指標）／遂行上のリスク」の項目で構成されています。

項目	機能4	（関連）	機能5	（関連）	機能6	（関連）
機能内容（P・D・C・A）	分類別品材置場へ部材を移動する ※重要保全安部材の場合はB-1へ	システムに出庫データを入力し、システム上の在庫移動処理をする	実地棚卸をする（在庫品数量確認）	振替不可品の死蔵品申請をする	申請承認を受けシステムに廃却処理入力をする	改善を実施し各ベンダーへ海欲への協力依頼をする
インプット	入庫部材	出庫済みピッキングリスト	実地商票	原因調査結果	承認済み廃却品申請書	承認済み改善案
アウトプット	置場移動済み部材	入力済み出庫データ	棚卸結果	死蔵品申請書	廃却処理依頼書	協力依頼書
関連プロセス		不流通在庫を出庫する場合は、品質保証部へ再評価を依頼する	棚卸結果を集計し実棚原票に記入する	経理／申請承認を受けシステムに死蔵品処理入力をする	廃却品業者へ廃却処理を依頼する	
KPI（先行指標）	置場間違い件数	入力・処理漏れ件数	記入漏れ・計上漏れ	申請漏れ件数	依頼漏れ件数	協力依頼書発行件数
遂行上のリスク	置場間違い	入力・処理漏れ	記入漏れ・計上漏れ	申請漏れ	依頼漏れ	協力が得られない

関連する記載事項（上表の各セルに付随）：
- 長期保管品再評価依頼書／品質保証部
- 棚卸集計結果／記入ミス件数／不流通在庫を集計し実棚原票に記入する／不流通在庫
- 棚卸差異処理申請書を作成し経理へ回す／死蔵品／棚卸差異処理申請書／経理／置場移動済み死蔵品／差異申請間違い

業務の流れ／作業の流れ・知識・能力		A 立地（●●●情報）	B 立地（デベロッパー情報）	C 立地（不動産情報収集）	D （不動産）計画・探す	E 商圏調査	F 競合店調査	G 出店計画	H 出店計画
1		●●●本部に入ってくる物件をFC事業部の部長から紹介（ファックスまたは郵送）	○○・××・□□・△△等への出店お願い（提案）（プレゼン資料）（会社概要）	立地希望地の不動産リストを作成する●●プレゼン資料→試算表やガイドライン	プレゼン資料は●●プレゼン資料を提出する	事前資料収集 出店地の確認 広告代理店より情報収集	近隣の競合店をピックアップする	年間スケジュールを確認する（事業5か年計画を参照）	坪数については、××坪位が理想。間口は広いほうが理想で、坪単価●〜●.●万円位（東京は除外）
	P・D・C・A	P	P	P	P			P	
	インプット	●●●本部からFAX				広告代理店情報		事業5か年計画	
	アウトプット	確認済みFAX資料	プレゼン資料	不動産リスト	プレゼン資料		競合店リスト	年間スケジュール	
	知識・能力	開発力	折衝力	決断力	規律性	折衝力	判断力	管理統率力	開発力
	知識・能力レベル	1	1	1	2	2		1	1
2		立地・坪数・家賃の確認をする	○○・××・□□・△△等からの出店依頼（受ける）	平日と土日に分けて店舗見学をする。駅前の場合は、乗降客も調べておく（E・Fへ行く）	名刺交換をし、希望物件があれば連絡を待つ	事前資料収集 広告代理店より資料請求をし、いろいろな角度から資料作成をする（風景写真を撮る）	競合店調査 ※マニュアルに従って店舗見学に行く ※別紙参照	出店基準を決める営業利益××万出るシミュレーション結果であれば出店条件になる（A6へ）	
	P・D・C・A	P		D	D	D	D	D	
	インプット	確認済みFAX資料				O	競合店調査マニュアル	M	
	アウトプット	確認済みFAX資料				出店計画書			
	知識・能力	開発力	開発力	決断力	規律性	理解力	判断力	判断力	
	知識・能力レベル	1	1	1	1	4	3	1	
3		●●●FC部長と物件を建学。周りの状況、人の流れを見る、見極める（F・Gへ行く）	平日と土日に分けて店舗見学をする。駅前の場合は、乗降客も調べておく（E・Fへ行く）	不動産に物件情報を依頼する。会社概要と●●●プレゼン資料を事前に準備して渡す	一月に1回は連絡をしておく。物件の連絡があれば、条件を確認して選別をする	市場調査 実際に足で歩き人の流れや周りのマップを見て聴く（最寄品の多い場所）	調査後は資料作成（報告書）して、会議する『新店プロジェクト会議』へ（F/G6へ）	出店条件を決める立地条件、売上目標、平均坪数、家賃・出店決定（条件確認）	
	P・D・C・A			C				F	
	インプット							F	
	アウトプット						競合店調査報告書		
	知識・能力	決断力	判断力	規律性	規律性	開発力	表現力	責任性	
	知識・能力レベル	1	1	1	1	2	4		
4		平日と土日に分けて店舗見学をする。駅前の場合は、乗降客も調べておく（E・Fへ行く）	家賃交渉 物件が良ければ家賃交渉をしてみる		物件条件が合えば、不動産屋と一緒に日程を決めて見に行く	競合店調査 商圏設定をして競合店洗い出し、実際に店舗探索する。また、メーカーからの情報を収集	新店プロジェクト発足	立地について、人通りの多い、商店街または乗降客の多い駅前立地を設定条件とする	
	P・D・C・A		D(A)		C	C		D	
	インプット							D	
	アウトプット	会議資料				Gに！			
	知識・能力	判断力	折衝力		開発力	判断力		開発力	
	知識・能力レベル	1・2・3	1		1	2		1	
5		平日と土日に分けて店舗見学をする。駅前の場合は、乗降客も調べておく（E・Fへ行く）			平日と土日に分けて店舗見学をする。駅前の場合は、乗降客も調べておく（E・Fへ行く）	平日と土日に分けて店舗見学をする。駅前の場合は、乗降客も調べておく（E・Fへ行く）		ショッピングセンターの場合は、母店売上××億以上で場所は1階の入口付近が理想である（Kプロセスと関連）	
	P・D・C・A	D			D	D			
	インプット	A-2						経営計画書	
	アウトプット				A6へ	ここまでA4へ			
	知識・能力	決断力			決断力	決断力		開発力	
	知識・能力レベル	0・1			1	2		1	
6		平日と土日に分けて店舗見学をする。駅前の場合は、乗降客も調べておく（E・Fへ行く）						売上について、月商×××万以上見込めるのがよいが、以下でも条件次第では検討（Kプロセスと関連）	
	P・D・C・A	D							
	インプット	G3が来る						経営計画書	
	アウトプット	E・F・Jへ							
	知識・能力	決断力						決断力	
	知識・能力レベル	0・1						1	

※ 0：幹部会（役員）、1：部長、2：店長、3：主任、4：一般社員、5：アルバイト

第3章 経営管理を支援する人事考課・目標管理制度の構築方法

I	J	K	L	M	N	O	P	Q
出店計画(決裁)	出店基準の作成(更新)	経営計画(進捗確認)	不振店対策	売上不振の場合	出店決定	工事予算基準	店舗設計	店舗設計
出店基準となる損益分岐点を出すための必要条件(情報)を集める	一般公開されている調査資料は役所等で入手する	出店後、売上動向を10か月観察 年間売上指数も参考に見る	営業利益の●●%を2か月連続で落とした場合は当該会議を売場店長とする	幹部会議を開く状況報告をする問題点を探す	オープン日を決め、オープンまでのスケジュールを組み立てる(A6・D5・G3へ)	インショップの場合、坪●●万～●●万円	工事関係者を社内調整する	内装図面の確認(寸法確認)
P	P						P(調整)	C
		15資料		売上報告書				内装図面
	調査資料				出店スケジュール			確認後内装図面
責任性	理解力	決断力	指導力	決断力	開発力	開発力	折衝力	管理統率力
1	4	1	2	0	1	1	1	1
売上試算表を作成して、損益分岐点を算出。会議に提示する	①国勢調査 全国の全世帯を対象に集計した人口、年齢、職業、世帯数、婚姻などのデータ	売上予測が思わしくない場合については、人件費の節約・兼業店に変更について検討する(I2へ)	店長は、月間売上報告書を分析し、会議に臨む(毎店売上も把握しておくこと)	販促の練り直し内容確認改装セールの検討	工事予算を決める(工事予算基準をつくる)インショップ路面店(Oプロセスから)	路面店外装等の設備工事費が増すため、プラス×××万円の予算を見込む	工事関係者に連絡する(■■■■)(○○工芸)	実際にどれだけ商品が並ぶか確認する
P	P				P	C	P	C
売上試算表/損益分岐点資料	国勢調査	不振店対策書(M5)	月間売上報告書					確認後内装図面
					工事予算基準書			
責任性	理解力	決断力	指導力	決断力	開発力	開発力	折衝力	判断力
1	4	1	2	0	1	1	1	2
●●本部に確認し出店予定の物件を見てもらい、売上承認を依頼する(承認をもらう)	②消費者購買動向調査 主婦の家計簿を基にした、商品に関する購入量、価格のデータ	経営計画の見直し	店頭販促・催事計画・イベントを提案する	店内改装について会議する	店舗形態を選別する自社会議をする	路面店の場合、エアーカーテンは標準装備する	日程を決めて打合せをする(当社・◆◆◆・施工業者)	○○以外の備品の置く場所も決めておく
D	P	A	P	A	P	D	P	C
	家計調査							確認後内装図面
		経営計画書改定版	販促・催事など提案書					
折衝力	理解力	決断力	指導力	開発力	決断力	開発力	折衝力	判断力
1	4	0	2	0	1	1	1	2
損益分岐点を上回る売上予想結果であれば、幹部会にかける(営業利益●●万)(A6へ)	③人口動態統計年報の市町村の届書を基にした集計。出生・死亡等の人口動態データ		会議には参加するようSV(スーパーバイザー)に連絡する	外装変更について会議する	●●●・▲▲▲のどれかにする(幹部会決定)	日程を決めて打合せをする(◆◆◆・▲▲▲・施工業者)		△△機・▲▲機等の寸法を測っておく
C						D		C
	人口動態統計年報/民力							
決断力・判断力	理解力		指導力	開発力	決断力		折衝力	責任性
0	4		2	0	0		1	
幹部会にて売上試算表を見直す	④商業統計 卸売業・小売業を対象として集計 商店数、年間販売額、従業員数、売場面積などのデータ	会議の方向によっては、企画会社も参加してもらう	変更内容についてまとめる	希望形態を●●●本部に確認する		特に、サイン(電飾)等は●●●本部に依頼する	什器の配置確認全体の配置も考えて使いやすいようにしておく	
A			D	D	C		C	C
見直し試算表	商業統計			不振店対策書			依頼書	確認後内装図面
開発力	理解力		交渉力	決断力	規律性		折衝力	判断力
0	4		2	1	1		1	2
出店資金調達 出店に必要な資金を計算する。また、財務に調達を依頼する	出店基準と照合収集したデータを出店基準と照合し、見直す		計画以降、不振が続く場合については、J2へ	人事作成 店舗配置人員を想定する		特に、色彩・什器のサイズに注意(●●●直営店)		レジ・PC・プリンター・電話等の配置漏れがないようにする(IT関連部門)
A				D			C	C
見直し試算表	出店基準			要因配置計画書				
交渉力	決断力		決断力	決断力			折衝力	責任性
1	1		1	1			1	1

(NPO法人 企業年金・賃金研究センター資料より)

3　役割等級人事制度の構築手順と人事考課・目標管理制度の設計

● 人事考課表　営業職（J1級）（例）●

	考課要素	定義	着眼点
業績	業績（量）	仕事を遂行した結果の度合い、量的な充足度	所定のスケジュール通りに仕事をこなしたか
			準備を十分にし、停滞が生じないようにしたか
			他者よりもいつも仕事を終えるのが早かったか
	業績（質）	仕事の仕上がり程度、結果の質的出来栄え	指示、方針通り仕事をしたか
			代替的な要素を織り込んだ仕事や計画であったか
			手段や方法の選択は適切であったか
	目標達成度	個人設定目標の達成度（リーダー、サブ・リーダーのみ）	
ジョブスキル	指導監督力	下位者に業務上必要な知識、技能を向上させるため適切な指導をし、仕事上の指示をする	部門（課）方針をメンバーに理解させ、教育・指導を行う
			メンバーの特性や業績の把握は事実や行動に基づいて正確・公平に行う
			公正な日常評価と人事考課の評定をする
			メンバーへの仕事の割振りを適切なOJTの機会として活用する
			問題行動や計画からのズレはその場で指導する
	決断力	グループ目標を達成するため、あるいは特命を受けて、数ある代替案のなかから有効なものを選び、決定・実行する	新規取引に対するリスクを判断し、取引条件、方法を決める
			新規開発物件の重要性を判断し、取捨選択する
			追加要望に対し、適正な追加契約を交わす
			不具合に対し現場で解決対策を指示し解決する
			仕様に対する相談に対し、意思決定をする
			試運転で問題、改善点などを発見し、社内折衝を行い改善する
			特殊案件や開発系の要望のレイアウトを作成する
			仕事のボリュームを把握し、優先順位を決める
			全体のコーディネート、エンジニアリングをする
			洗浄効果を考慮した洗浄プログラムの設定、動作確認をする
	対外折衝力	組織を代表して社外の人と接し、協力、理解を取り付けられる	施主、キーマンとの親交から協力体制を構築する
			リース会社、銀行、提携先など影響力のある協力先を引き入れる
			客先予算以上の受注を獲得できる魅力のある提案をする
			客先の予定予算、投資計画、資金状況などを把握し、タイミングのよい交渉時期に訪問する
			会社の総合力（製品力、組織力、提案力）などの優位性を取引先へ理解してもらう
			取引先との打合せで、必要情報を担当者と具体的な内容を取りまとめる
			クレームの原因や要素を確認し、客先、仕入先への価格交渉、賠償請求など適切な対応をする
			製造工程を理解し、双方に最適な納期を客先へ提案、承諾を得る
			製造から据付までの工程内容を理解し、客先および関連業者に説明する
			代理店との仕入れ金額折衝をする
			不具合に対し、研究者の視点から対処法を提案する
	開発力	将来の予測、見通しに立ち、担当する分野におけるまったく新しい方法を創案し、具現化に向けて展開する	取引先の潜在的なニーズを汲みとった省力化、合理化を提案する
			新規顧客の情報収集をし、獲得する
			新しいマーケットの情報収集をし、獲得する
			業界内外の技術（機械、化学）情報の収集に努め、それを生かした新製法、製品等の提案をする
			新築工事建屋設計に対し、動線を考慮した提案をする
			新規開発における発想をレイアウト化する
			新製品（機器、商品とも）へ向けた研究を行い、開発する
			客先が要望する商品レシピの提案をする
	知　識	等級に期待し求められる知識	契約書作成、チェックに必要な基礎知識がある
セルフコントロールスキル	規律性	日常の服務規律やマニュアルの遵守の度合い	取引先情報の変更に対し、関係部署に迅速に連絡する
			問題発生時、冷静・的確な判断をし、上司へ相談、報告する
			自分の身の回りや、社内の美化に率先して取り組む
			社内の雰囲気を活性化させるように、社内活動や朝礼に参加する
			社内、社外に必要な必要書類（精算、日報、予算報告書等）を迅速に提出する
			会社の品位を保つ身だしなみ・言葉使いをする
			ルールにのっとった資料整理、管理をする
			誰が見ても理解しやすい作図・仕様書を作成する
			客先との打合せ議事をわかりやすく作成する
			報告・連絡・相談を適正に行う
	積極性	改善提案、継続的なチャレンジ、自己啓発など今以上といった意欲、姿勢	客先や社内からの問合せに対し、積極的に内容を自ら聞こうとする
			お客様からの引き合いを積極的に獲得する
			業務に有用な小集団活動、自主的研修会などへ参加する
			上司に対する進言、意見具申をする
			常に、必要な知識、技能の習得に取り組む
			難しい仕事にも進んで取り組む
			今までの経験を生かし、与えられた以上の仕事をする
			ネットワークやPC操作の知識を積極的に習得する
			新技術に対する興味を持ち、調査、研究する
	責任性	自分の役割を自覚し、自分に期待し求められるものを、全力を傾注して果たそうとする行動	受けた仕事は最後まで確認する
			自分の失敗を他人に転嫁しない
			重大な報告業務を怠り、タイミングを誤ったり、利益を失うことをしない
			売掛金、買掛金の情報について迅速に報告する
			仕事の期日を守る（検収、売上、入金、作図、見積提出等）
			約束した期限、期日を守る
			安易に上司に決定をゆだねない
			仕事をやり終えた後に、フォローする意識を持つ
	協調性	チームの一員としての他人の守備範囲に対する行動	他部署との打合せとコミュニケーションを図り、業務を遂行する
			部署を問わず応援・協力する
			他人の仕事を自発的に手伝う

第3章　経営管理を支援する人事考課・目標管理制度の構築方法

					部署：	被考課者名：
					一次考課者：	二次考課者：

自己評価	一次考課	二次考課	ウェイト	決定	一次考課者コメント	インタビュー記録
5-4-3-2-1	5-4-3-2-1	5-4-3-2-1				
5-4-3-2-1	5-4-3-2-1	5-4-3-2-1				
5-4-3-2-1	5-4-3-2-1	5-4-3-2-1				
5-4-3-2-1	5-4-3-2-1	5-4-3-2-1				
5-4-3-2-1	5-4-3-2-1	5-4-3-2-1				
5-4-3-2-1	5-4-3-2-1	5-4-3-2-1				
5-4-3-2-1	5-4-3-2-1	5-4-3-2-1			二次考課者コメント	能力開発計画
5-4-3-2-1	5-4-3-2-1	5-4-3-2-1				
5-4-3-2-1	5-4-3-2-1	5-4-3-2-1				
5-4-3-2-1	5-4-3-2-1	5-4-3-2-1				
5-4-3-2-1	5-4-3-2-1	5-4-3-2-1				
5-4-3-2-1	5-4-3-2-1	5-4-3-2-1				
	評価点合計		100		評語	S・A・B・C・D

3　役割等級人事制度の構築手順と人事考課・目標管理制度の設計

第4章

職務基準の人事制度における
業績管理とその理論

1 職務基準の人事制度における業績の測定

　役割等級制度など職務基準の人事制度の下で、業績給※4 を成果とリンクさせたいと考えるのなら、従業員の業績を適切に測定することが不可欠となります。業績、すなわち仕事の成果を測定するということは、最終的な状態、成果物、形態を測定するのではなく、むしろ「一連の判断作業」と考えるのが最も妥当と言えます。つまり、考課者によるこの「一連の判断作業」は、業績評価基準によって測定される「妥当性検証」ということになります。

　そして、次の要件を満たすことで、妥当性があると推論できます。

---

① 　結果（業績）に連動している行動の特性を測定する方法から、相対評価としての序列法まで、タイプの異なる業績評価基準がいくつかある

② 　その業績評価基準には妥当性があると推論できるだけの多数の指標がある

③ 　業績評価基準を開発し、これらの指標を目にする機会を最大化するための運用ステップがいくつかある

※4 　業績給とは、本給に対する追加的報酬としての昇給および賞与のことを言います。

業績管理（パフォーマンス・マネジメント）と目標管理

　職務等級制度では、責任範囲や職務内容が職務記述書によって明らかとなるため、個人の主観的な想いが入ることはありません。

　組織構造の形態に合わせ、それぞれの組織階層ごとに定められた目標を設定します。また、組織階層を定めにくいフレキシブルな組織であれば、業務プロセスにおいて目標を設定します。

　日本では、業績管理と目標管理が混同されていますが、アメリカでは目標管理の対象者が管理監督者以上であるのに対して、業績管理は全組織構成員です。そして、目標管理が量的なパフォーマンス測定を重視するのに対して、業績管理では質的なパフォーマンスやプロセスも重視することや、日常的なフィードバックやコーチングを重視するなどの違いがあります。なお、プロセス展開表を活用した新しい職務分析手法では、組織目標から個人目標まで、プロセスを通して明確にブレークダウンできます。また、経営環境の変化に合わせて目標を変更することもできます。ただし、これは職務記述書の内容変更にあたり、場合によっては職級の変更につながることから、実行にあたっては注意が必要です。

　目標設定は業績管理の一部であり、賃金や賞与の増加や、将来的な昇進の機会などに結びつきます。したがって、根拠がないような前年対比何％というような非現実的な高い目標の設定は、従業員のモチベーションを低下させ、始めから目標達成をあきらめることになりかねません。このため、従業員が期間中に挑戦すれば目標達成が期待できる適切なレベルでの設定が望まれます。

　こうしたことから、一般的にアメリカにおける目標の設定には、明確な（Specific）、測定可能な（Measurable）、達成可能な（Attainable）、企業目標に関係ある（Relevant）、達成期限を含む（Time-bound）というSMART原則が適用されています。

3 適切な業績評価基準の重要性

1 心理学的・経済学的論点による指摘

　業績を査定することに対して、効果がない、逆効果であるといった批判をよく聞きます。確かに、大きな組織では、こじつけのような評価や無理矢理な統計的アプローチといったものが今でも存在しています。

　しかし、"適切に業績を測定すること"は、成果主義を含むこうした賃金制度が成功するための重大な要素です。その重要性については、心理学的理論と経済学的理論が後ろ盾となっています。

　心理学的な観点では、従業員が、業績を改善することが昇給を得るための手段であると理解できるようにするために必要です。つまり、業績が適切に測定されていれば、従業員は望ましい結果（報酬増加など）と業績の改善を関係づけることができるということです。

　経済学的な観点では、従業員にとっても雇用者にとっても、コストを最小化するために必要です。もし業績が適切に測定されていなければ、雇用者は、業績を実態よりも高く評価された従業員に過大な賃金を支払いかねません。同様に、実態よりも低く評価された従業員には過少な賃金しか支払わないといったことになりかねません。どちらも、不適切な業績測定のために、従業員も雇用者も不要なコストを負担させられていると言えます。

2. 実証研究による指摘

実証研究もまた、業績を適切に測定することの重要性を指摘しています。業績が適切に測定されたかどうかは、実際に業績給を決定する場面ではさほど大きな問題となりません。しかし、賃金がどの程度業績と結びついているのかについては、従業員の認識に非常に大きなインパクトを与えることがわかっています。

業績に対応した賃金という認識、そして賃金に対する満足度は、権限者が正式な業績の評価基準にしっかりと準拠している場合のほうが、そうでない場合よりも強く大きいとされています。また、業績が正確に測定されていると信じている場合のほうが、正確に測定されていないと信じている場合よりも、賃金と業績との間の関連性が従業員に受け入れられやすいという研究があります。そして、組織の公正さに関する研究においても、明確な評価基準があり、継続的に評価基準を適用していることが、業績給に対する従業員の満足度を高めるための1つの要因であることがわかっています。

4　業績評価基準のタイプ

　職務基準の人事制度においては、業績給の決定は業績評価に基づいて行われます。これは、各従業員の組織に対する貢献度を査定または評価したものです。従業員の組織に対する貢献度を評価するために、従業員は評価基準と比較されます。その際には、絶対的な基準を用いることも、相対評価とすることもともに可能です。

 ## 1. 絶対的な基準

　一定の特性が組織に対して果たす貢献や価値を定義した文書と、従業員の資質とを比較することで、従業員の業績評価をすることができます。この絶対的な比較を行う際に使われる基準には、資質、行動、そして結果が含まれています。結果は最も頻繁に使われる評価基準であり、それに資質、そして行動が続きます。

(1)　資　質

　従業員の資質は、その従業員の人格的な特性をもとに決められます。資質による評価の例は、下表に示した通りです。比較的一般的な表現が用いられているため、どの組織にも利用しやすい面があります。

第4章　職務基準の人事制度における業績管理とその理論

● 生産管理者のための資質評価（参考要素）●

	かなり認められる	認められる	普通	認められない	まったく認められない
活動的で精力的か	5	4	3	2	1
仕事への執着心	5	4	3	2	1
自己統制	5	4	3	2	1
良　　識	5	4	3	2	1
仕事への誇り	5	4	3	2	1

　しかし、資質は頻繁に基準として使われますが、業績給制度での成果測定においては、非常に厄介な問題があります。短所の1つは、その意味するところ（評価要素の定義）が曖昧で、考課者が変われば解釈も変わってしまいがちだという点です。つまり、解釈で混乱する危険性が高いため、資質を評価することに頼りすぎた業績給の決定は、非常に矛盾したものとなりやすくなります（つまり、あてにならない）。

　また、人格的特性は定義づけが困難で、変更不可能なものであることも考えられます。そういったものに関わっているのなら、従業員の業績を改善することは、不可能とは言わないまでも非常に困難なことです。

　なお、業績給制度を現状の成果の維持ないし改善に活用するために、目標設定理論[5] では、業績についてその内容を明確にしておかなければならないとしています。

　つまり、これを重視しすぎると本来の業績評価と異なるものになってしまうおそれがあります。

・・

※5　目標設定理論とは、目標という要因に着目して、モチベーションに及ぼす効果を探ることを目指した理論のことを言います。1968 年に、アメリカの心理学者ロックが提唱したものです。目標設定理論では、目標設定の違いはモチベーションに影響すると考えられています。

(2) 行　　動

　従業員の行動については、従業員の職務活動や義務を遂行するときの
やり方を見ていくことになります。行動の頻度を尺度として活用する場
合には、従業員の行動は、理想的な行動と比較されることになります。
そして、この理想的な行動をとる頻度が上がるほど、業績を高く評価さ
れることになります。

　なお、行動を測定することには、資質を評価するよりも有利な点が2
つあります。

　1つ目は、行動の定義を明確にすればするほど、これを評価すること
で曖昧さが減少する可能性があるということです。行動を基準として使
えば、業績給制度上の決定を矛盾なく行えることが期待できます。同様
に、期待される業績について明確に定義しておけば、従業員のモチベー
ションが上がることが期待できます。

　たとえば、セールス職に対して、「顧客に対して礼儀正しく思いやり
のある態度を示せ」、「タイムリーで正確な販売報告書を提出せよ」、「棚
には商品を常備せよ」などの行動基準を示すことは、従業員に、仕事を
進める上での具体的な成果目標を与えることになります。

　2つ目は、行動は従業員1人ひとりが自分でコントロールできるとい
うことです。資質で結果を直接コントロールすることはできません。し
かし、行動は資質より直接的に影響を及ぼすことができます。

　資質は、生来の性格と幼少期の教育との組合せです。結果は、たとえ
ば誰と組むかとか予算上の制約などの従業員の外的要因に影響を受けま
す。したがって、従業員にとっては、資質や結果を変えることは困難で
す。しかし、行動を変えることならできます。したがって、業績給制度
での賃金増加という望ましい目標に向かって働くことができるのです。

　一方で、行動を測定基準として使う場合には、それなりにコストもか
かります。行動での測定基準をつくることは、資質での測定基準をつく
ることと比べて、非常に厄介で手間のかかる作業です。

　とはいえ、このコストは、資質のみに依拠した業績測定から引き起こ
される潜在的な法的責任（訴訟リスク）[6] と相殺することができます。

(3) 結　　果

　結果に基づいた成果測定は、従業員が実際に提供した製品やサービスを見て、その従業員の貢献度を評価するものです。結果による測定は、セールス職を評価するのによく使われています。専門職の評価においては、目標管理制度（MBO）を使うのが一般的なアプローチとなります。

　結果に基づいた測定の主なメリットは、基準が非常に具体的で、明確に定義されることです。したがって、この基準を挑戦的なレベルで設定し、従業員もそれを受け入れたなら、モチベーション・アップのための理想的なツールとなります。

　こうしたモチベーション管理上の可能性に加えて、結果に依拠した測定のもう1つのメリットは、具体的な業務の結果（金額）と業績給の増加とを直接結びつけることができる点です。

　しかし、MBOのような結果に依拠した測定にも、いくつかデメリットがあります。その1つは、上記で述べたように、結果は従業員個々がコントロールできる範囲外にある可能性があるということです。

※6　潜在的な法的責任とは、資質は定義することが難しく、資質の評価の差が、生来持つ従業員個人の特性（性別、国籍、門地など）の差と混同されるおそれがあり、それがひいては訴訟ともなり得ること。

② 相対評価

(1) 手法とメリット

　もう１つの基準は、従業員を別の従業員と比較すること（相対評価）
です。このやり方は、よく知られています。これに対し、先ほどまでに
見てきたプロセスは、絶対評価です。

　相対評価を最も簡単にしたのが、序列法です。同じ仕事のグループに
属する従業員たちは、最も組織に貢献している従業員から、最も貢献度
の低い者まで、序列法により順位をつけられます。

　また、一対比較法という評価法もあります。一対比較法は、従業員１
人ひとりを、別の従業員と総当たりで比較する手法です。２人の従業員
を比べて、一方が他方よりも優れた成果をあげていれば、優れたほうの
従業員にチェックマークをつけます。この要領で比較した結果、各従業
員が得たチェックマークの個数を基準に、相対的な順位が確定すること
になります（個数が多ければ、それだけ順位も高くなる）。

　アメリカ企業で従業員を業績評価する場合、相対評価は絶対評価ほど
活用されていないとされています。しかし、フォーチュン 500 社の内、
20％程度が何らかの形で序列を強制する手法をとっているとも言われて
います（Bates, Meisler）。

　また、小規模組織では、ごく当然のように序列づけが実施されている
ようです。このような組織では絶対基準を開発する余裕がないため、相
対評価が明らかに有利であり（資質と同様に、素早く簡単に制度構築で
きる）、職務数が少ない場合には特にこれが当てはまります。同様に、
相対評価では、考課者は、被考課者のどちらが優れているかを示すだけ
でよく、他人と比べてどれくらい優れているのかを示すことは求められ
ていないため、評価作業がより簡単になります。

(2) デメリット

　反面、簡単であることは問題を引き起こす元でもあります。

　相対評価のデメリットは、別々の考課者が行った序列づけ結果の比較が困難な点です。たとえば、考課者Ａが判定した１番手の従業員と２番手の従業員の成果のレベル差は、評価者Ｂが判定したレベル差とは違うかもしれません。部門全体に業績給を配分するにあたっては、業績に対する共通の評価基準が必要なのに、それが存在しないからです。

　２つ目のデメリットは、従業員のモチベーションの維持向上の目的に沿った形で、業績給と業績との関係を確立することが困難なことです。相対的比較では、２人を比較して、なぜ一方が上に評価されるのかを明確にできないため、自分の業績に対して改善すべき点が何かを従業員が知ることが難しくなります。

　３つ目のデメリットは、組織において、業績に関する深刻で全体的な問題が起こるときに発生します。このようなケースでは、相対的な序列づけだと、業績が芳しくない従業員の存在を隠してしまう可能性があります。雇用者は、従業員を「最悪のなかでも、最もマシなものは誰か」という基準で序列づけるかもしれません。こうした見方をしていると、その作業グループ全体の業績自体が、本来、受け入れがたいレベルであるという事実を見落とすことになる可能性があります。そもそも、相対的な順位づけでは、特定の従業員がどれだけ組織に対して貢献しているかについては、ほとんどわからなくなります。

5 業績評価基準の選択

1. 考慮すべき要素

　業績給制度で従業員を評価するには、いくつかの要素を考慮しなければならないため、どの基準を活用するのかを決めるときには慎重を期す必要があります。

　考慮すべき明確な要素の1つ目は、ここまでで述べてきたような、個々の基準の持つメリットとデメリットです。

　2つ目は、どの基準が互いに代替可能かということです。資質、行動、結果、そして序列にしても、結局のところ測定するものは同じではないかという見解があります。この見解によれば、業績給の決定のためにどの基準を選び、使用するかは、最も便利な基準、つまり組織に最も簡単に導入することができる基準を探すだけでよいということになります。

　しかし、現在に至るまでの成果に関する多くの研究結果により、行動と結果との間には、わずか低〜中程度ではありますが、相関関係があることが見つけ出されていることに注意すべきです。

　3つ目は、たった1つの基準を選択するよりも、基準をミックスするほうが有効であるということです。従業員が評価される際の基準として何を選ぶかという調査において、最多数の42.3％が結果に基づいて評価されることを選び、30.4％が行動に基づく評価を、27.3％が資質に基づく評価を選んでいます（Gosselin）。これは、組織がこれに対処するためには、評価基準をミックスする必要があることを意味しているとも言えます。なお、この基準が組織の戦略的な使命に沿ったものとなっていることを前提とします。

❷ 評価基準のミックス

多くの企業で評価基準がミックスされ、導入されています。たとえば、企業内の成熟分野の事業部門では、企業内におけるプロフィットセンターとしての役割や産業界における現状のポジションを維持することに重点が置かれるため、利益、キャッシュフローやシェアといった結果に基づく業績基準を活用します。他方で、企業のなかでも成長性の高い事業部門においては、行動に基づく業績基準が必要とされます。そうでなければ、有益な研究開発や新たなマーケティング機会の創出といった長期的な目標の効果を測定することなどできないからです。

また、目標管理制度では、実際の目標や達成された結果だけでなく、それと同等のウェイトが、「どのようにして目標を達成したのか（たとえば、必要な行動やスキルは何だったのか）」に置かれる場合もあります。

業績給決定のために使う業績測定方法で、これこそが1番だと言えるものなどはなく、組織的公正さを合理的に追及するしかありません。したがって、複数の測定方法を使うという戦略をとることが、最善の結果を得る可能性を高めるということになります。

❸ 行動と結果の両方を測定する「プロセス展開表」

これまでの日本における能力主義管理の多くでは、職務概念が未成熟であることから、従業員が保有する職務遂行能力および職務（目標設定を含む）と期待される結果が同等になっていません。さらに、客観性の乏しい能力や資質の評価ウェイトが高いうえに、従業員自身の能力レベル以下の目標設定による業績評価によって、結果的には会社業績とは連動しない評価結果になっていることが多く見受けられます。

どの測定方法を使用するかを決めるにあたり、検討すべきことがたくさんあります。業績評価というからには、相対的な資質に基づく成果測

定を重視しすぎてはなりません。

　ただ、正確性、信頼性、熱心さ（積極性）、協調性、企業意識（忠誠心）などの個人的資質は、職務の成果を出すための重要な要素であることから、評価の対象から除くことはありません。コンピテンシーを含めた職務遂行能力同様に、評価の信頼性は低いとされることから、業績（能率）評価より賃金への反映割合を小さくするということです。

　そして、従業員の職務行動と結果、その両方を測定することを可能にした手法が、「プロセス展開表」です。この活用により、成果指標および先行指標設定と目標体系表を作成することが可能となり、組織全体と従業員個々の成果測定およびその評価ができるようになり、成果測定に注意を払う必要は少なくなります。

業績給決定のための業績測定に関する諸問題

業績給制度において成果を構成しているものは何か。これについては議論も多く、ここで整理しておきます。

① 昇　進

成果と昇進とは互いに関連し合っており、昇進の決定、業績給の決定の両方に成果を活用できます。ただ、業績評価が良いことのみによる昇進の場合は、業績給の代わりであるため、現業績給に付加されるものとならないよう、賃金の運用に注意が必要です。

② 年功序列

業績給制度において、年功、つまり組織での勤続年数をどう取り扱うかは、組織によって異なります。欧米におけるこれまでの多くの研究からは、勤続年数の長い従業員のほうが生産性は高いのか、あるいはむしろ低いのか、という古くからの議論に役立つ知見は得られていません。ただ、年功を基礎として業績給が支払われたなら、その代償は大きなものとなることは間違いありません。

アメリカの心理学者シュミットらの研究は、年功序列の考え方を用いるべきかどうかについて1つの示唆をしているものと言えます。これは、軍関係の莫大なデータセットと、年単位ではなく月単位できめ細かく測定された習熟度に関するデータを分析しているものですが、この結果、異なる職務成果のいくつかにおいて、入隊後12か月程度の業務習

熟度と年功には正の相関関係が得られました。しかし、これ以降５年の節目に至るまでは、習熟度による変化については何も相関関係が得られませんでした（Schmidt、Hunter、Outerbridge、Goff）。

　このデータから、新人の頃の従業員に対する成果測定にあたっては、少なからず年功が考慮され得るものと考えられます。そして、この考え方は、新人の従業員に対しては、労働市場での賃金の平均値に達するまでは年功に従って賃金を支払うという欧米における報酬慣行とも一致しています。なお、欧米においては、この時点を過ぎると、従業員はその組織で伝統的に行われてきた業績評価に従って賃金を支払われることになります。

❸ 市場価値

　これまで日本の正社員の賃金の多くは、内部労働市場における能力価値に連動しており、市場評価によっては決まっていませんでした。しかし、昨今の高度プロフェッショナル制度の導入など、変化の兆しも見えます。アメリカの市場価値と業績給との関係は、これからの多様な雇用形態の実現のために参考となります。

　業績給の増額が、個人の組織への貢献をそのまま反映していないことがある反面、それが外部の労働市場における個人の価値を表していることもあります。たとえば、研究職などの従業員が、外部の労働市場から今より魅力的な仕事のオファーを得ている場合は、今の職場において業績給の増額がもっとあっても当然だと考えるのは、自然なことです。このため、個人の貢献度（価値）について、組織内におけるそれと組織外における評価の差が大きいような場合、職種によっては、従業員の外部労働市場における価値が高くなったことを前提に業績給を増額するという論理が成り立つこともあります。

　しかし、こういった市場調整は、実際の成果を反映したものではなく、労働市場の外側にある制御不能な力によるものであることから不公正になります。このため、業績給制度の一部として市場調整を取り入れ

るかどうかについては慎重な検討が必要となります。なお、高い業績を
あげた従業員に対してだけ市場調整の考え方を適用するというやり方も
あります。

 # 4 組織人としての行動態度

　従業員がその組織に対して貢献できる（貢献している）ことは、組織
人としての行動態度であり、これには組織から通常要求されるレベルを
超えた行動が含まれるとしています。たとえば、利他主義（具合の悪い
同僚をカバーする等）、誠実（職場を整理整頓する等）、親切（前もって
情報提供する等）などがあげられます。こうした行動態度は、期待値を
超えており、職務記述書には記せないものです。問題は、組織人として
の行動態度に対して、組織が報奨を与えることが妥当かどうか、業績給
制度に取り入れるべきかどうかです。

　確かに、こうした行動態度が組織の成功に大きく寄与していることは
否定できません。ただ、組織が明確な要求水準として定めたものではな
いこと、また要求水準として強制できないことから、こうした行動を自
発的に取り組む従業員に対して金銭的に報いることは不公正になると言
えます。したがって、組織人としてのあり方というものは、その従業員
の成果をつぶさに観察しておけば、その一部として適切に評価できると
するほうが妥当です。

　なお、昨今のフィロソフィを重視する経営手法の広まりによって、従
業員の成果に関する要件定義のなかに、組織人としての行動態度を取り
入れることを選択する組織もあります。この場合、その組織は、従業員
評価の対象となる職務成果の範囲・程度（すなわち、業務と組織人とし
ての行動態度の両方）に関して明確に定義することが必要となります。

　さらに、これらの定義がどのように使われ、どのように業績給決定の
目的に結びつけられるのかを明らかにすることが必要となるため、簡単
なプロセスではないことを理解しておく必要があります。

⑤ 「一般的な業績」対「最高の業績」

　通常、従業員の業績達成レベルは、一定していません。むしろ業績は時により変化するものです。この業績のばらつきについては、「一般的な業績」と「最高の業績」という見方があります。

　一般的な業績とは、従業員が高い評価を得ていないときに発生するもので、必死になって働く気のないときのものであり、長期的な業績です。一方、最高の業績は、従業員が高い評価を得ているときに発生するもので、必死になって働いているときのものであり、短期的な業績を指します。

　そして、管理監督者が注目するのは一般的な業績ではなく、多くは目につきやすい最高の業績のほうです。このため、彼らの評価は、一般的な業績よりも最高の業績のほうに対するものになりやすく、また最高の業績のほうが業績給の決定に反映されやすくなることがわかっています。しかし、これでは、業績給の増額が評価基準を基礎としていないこととなってしまいます。

　したがって、業績給制度の目的が、一般的な業績を評価することにあるのなら、年1回以上は成果の振り返りの機会をつくり、業績給の決定に活かせるよう管理監督者自身が記す業務日誌および部下である従業員の日報などの管理手法を活用して、一般的な成果が評価されていることを確認する必要があります。

⑥ 職務レベルと業績給

　職務レベルと業績給の増加額との間には、当然のことながら正の相関関係があるとされています。つまり、多くの企業では、階層の低い従業員よりも高い従業員のほうが、より多くの業績給増額となっています。そして、職務レベルが業績給増額に関連づけられているのであれば、この相関関係は合理的と言えます。これは、高い職務レベルであればベー

スとなる賃金も高いことから、職務レベルの高低に関係なく業績給増加率が同じ率であったとしても、額としては違ってくるからです。

職務レベルと増加額との関連性からトラブルが起こるとすれば、増加額の決定を率方式で実施する場合です。たとえば、生産本部長の職務給が60万円で、部員が35万円のときに、部員の業績給の増加率が4％であるのに対し、生産本部長の業績給の増加率が4％ではなく6％というケースです。

この手法が上手くいくかどうかは、他の人材活用手法があるかどうかによると考えられます。職務レベルと業績給の増加率との間に正の相関関係があっても、成果をあげた者を昇進させているならば、うまくいく可能性があります。しかし、すべての昇進制度が完璧にはできているわけではありません。従業員がその職務レベルにふさわしい賃金をすでに得ているのであれば、職務レベルと業績給の増加率との正の相関関係は、当然のことですが望ましいものにはならない可能性があります。なぜなら、従業員が職務レベルに応じた業績給として1度、さらに職務評価において1度、合わせて2度も賃金を支給されることになるからです。

つまり、トラブルにはなりにくいのは、職務レベルに対して業績給の増加額が関連づけられた形で決定する場合となります。

 「直近の成果」対「過去の成果」

業績給制度において成果を評価するに際し、一体どこまで過去に遡るべきか、という疑問があります。

たとえば、報酬についての原資分配に関する意思決定者は、現在の業績給対象期間より過去の成果について考慮することで、過去に行った業績給増額の決定に関しての不公正さを是正できる場合もあります。しかし、直近ではなく遠い過去の成果を考慮に入れることは、過去の不公正という問題を解決すると同時に、新たな問題を作り出す可能性もあります。事実、考課者が成果を二重にカウントすることになりかねません

し、従業員に対して、同一の成果に関して、2つの支給対象期間で業績給増額を与えてしまうことになるかもしれません。もし他の従業員が、同じレベルの成果に対して1回の増額しか得ていないなら、不公正を生み出すことになります。

この状況に合わせる1つの方法は、例外的な環境条件については考慮するという方針の下で、極めて限定的な基準に基づき、「公正さ」のための調整を行うことです。例外的な環境条件とは、たとえば、業績給の支給対象期間2期間前に従業員が達成した大きな偉業があったが、業績給予算が不足したため、その際に十分に報いることができなかった場合などです。

ただ、このような調整アプローチは、経営者側、従業員側の双方による駆け引きを誘発する恐れがあります。したがって、例外的な環境条件下に限られるべきであり、これに関しては文書化し賛同を得ておくことが必要です。

⑧ その他の成果測定に関する指針

業績給制度における最適な成果測定方法については明らかになっていません。また、組織がどの成果測定方法を使って評価するかによって、直面する結果はさまざまです。このため、意思決定者が運用すべき判定基準によっては、潜在的に論争のタネとなる可能性があり、重要な項目については十分な検討が必要です。

なお、決定した結論についてコミュニケーションを図ることは、意思決定者の義務です。もし組織がこれらの課題に対する見解について明確なコミュニケーションを図ろうとしなければ、その組織は業績給制度に関して望ましくない結果に直面する可能性があり、注意が必要です。

成果測定の妥当性の問題

　組織の意思決定者にとって幸か不幸かは不明ですが、成果測定プロセス実行においては、開発された測定方法が妥当なものかどうかを評価する基準がありません。しかし、どの測定方法を使うかの決定の際には、やはり判断が必要となります。

　そこで、成果測定方法の妥当性の判定に関しては、ガイドとなるいくつかの指標があります。これらの指標が示すものは、その業績評価基準によって測定された結果についての妥当性や限度（範囲）を表しています。さまざまなレベルでの成果測定において、その有効性を評価するための指標もしくはアプローチについて以下の図に示しました。それぞれの指標は、どの業績測定基準を使うべきかを決めるために重要で特有の情報を与えてくれます。同時に、成果測定の有効性や妥当性を判断するには、複数の指標が必要であるということになります。

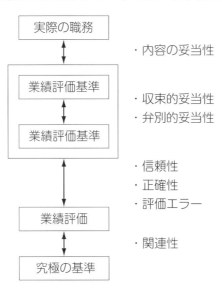

1. 内容の妥当性

　業績測定手法の妥当性を示す指標の１つが、内容の妥当性と呼ばれるものです。図に示したように、内容の妥当性とは、業績評価と実際の職務との関連性（関連する範囲）のことを言います。

　内容の妥当性がどれほど重要であるかは、業績評価が職務とまったく関連していない状況を想像してみれば、すぐに理解できます。この場合に従業員は、業務上課せられた義務を取るに足らないことと思い行動してしまうことになります。その結果、業績給制度は、職務と関連性のない行動、たとえば、より多くの昇給を得るためだけの政治的行動を強化することになるかもしれません。

　つまり、妥当性を高めるには、職務に関する行動ベースの業績評価基準の作成が必要ということになります。

2. 収束的妥当性と弁別的妥当性

　内容の妥当性のほか、指標として収束的妥当性と弁別的妥当性があります。この２つの指標は、図に記載された業績評価基準相互間の関係性を取り扱います。

　これらの指標は、評価基準の構成概念の関係性の度合いを測定した結果を示すために活用されます。なお、構成概念とは、従業員の成果が属するカテゴリーにつけられた、内容を要約したラベルのことです。たとえば、「細部に留意する」というのは、多くの職務において価値ある成果であり、この「細部に留意する」ことは、従業員の成果として、１つの構成概念またはカテゴリーとなります。

　収束的妥当性は、相互によく似ていると思われる２つの評価基準について、実際の相互関連性がどの程度かを表します。相互関連性とは、２つの評価基準の間の関係性の強さを表しています。もし２つの評価基準が同一の構成概念を測定するのであれば、この２つの評価基準は相互に

第４章　職務基準の人事制度における業績管理とその理論

強い関連性を持っていることになります。

　また弁別的妥当性は、相互に似ていないと思われている2つの評価基準が、実際相互にどれほど無関係かという度合いを表しています。もしこの2つの評価基準が同一の構成概念を測定していないのなら、この似ていない評価基準は相互に関連性が見られることはありません。つまり、相互に似ている評価基準は、相互に似ていない評価基準と比べ、より強い関連性が表れることになります。

　たとえば、行政監督官は、社会復帰に関する職業カウンセラーおよびカウンセラー自身が対応した相談件数を、業績計画の成果と業績の問題解決の成果という2つの基準で管理しています。この2つによって、監督官は自身の職務の管理者的側面についての説明責任を果たすことになります。もし、この2つの基準が、本当に管理状態を測定しているのならば、この基準は相互に関連しており、仮に関連しているのであれば、これは、業務の管理者的側面の収束的妥当性を示す証拠となります。

　また、監督官にとって相談者に対するカウンセラーたちのサービス提供がどれだけ上手くできているかについては、相互関連性が低くなります。なぜなら、カウンセラーたちの相談者への対応の程度は、部下の業績計画を管理するのとはまったく別のスキルや行動が必要になるからです。結果、この関連性の度合いが業務の管理者的側面における弁別的妥当性を示す証拠となります。

　上記の例は、業績評価において、収束的妥当性と弁別的妥当性を確立することがいかに大切であるかを示しています。同時に、収束的妥当性と弁別的妥当性があれば、多くの評価基準を使うことなく、より少ない基準で済ませることができ、組織は効率的に業績評価基準を開発することができます。

7　成果測定の妥当性の問題

3. 信 頼 性

(1) 形　式

　一般的に、信頼性は業績評価の「一貫性」と関係します。

　85ページの図に見られるように、業績評価は、考課者が従業員の成果についてレビューして、評価基準に沿って割り当てた実際の価値です。一貫性とは、時間が変わろうと、考課者が変わろうと、評価基準が変わろうと、それが一貫していることを示します。一貫性に関してどの見方をとるのか、その見方によって、用いる信頼性の形式を決定することになります。

　信頼性の形式には、次の3つがあります。

　① 　試験－再試験信頼性

　　　試験－再試験信頼性は、時間が経過しても業績評価が変動しないかを見ます。不変性を試験するために、同一の考課者グループによって、一方の期間でなされた業績評価と、他方の期間でなされた業績評価とが照合されることになります。

　② 　考課者間の信頼性

　　　考課者間の信頼性は、考課者が変わっても業績評価に矛盾がないかどうかを示しています。考課者間の信頼性は、別の考課者が同じ従業員に対して、同じ評価基準を使って行った業績評価の間の関係性を数値化することで測ります。

　③ 　内的整合性の信頼性

　　　内的整合性の信頼性は、同一の評価基準の尺度（たとえば、さまざまな評価項目や質問）が相互に関連している度合いを言います。

(2)　重要である理由

　業績給決定プロセスに対する信頼性がいかに重要かは、少なくとも2つの方法で考察することができます。まず、業績給制度で使われる成果測定の信頼性は、成果に対する業績評価と業績給の増加額との間の関係の強さとして表れます。次に、成果測定における矛盾が減少するほど、実際の従業員の成果と業績給の増加額をあえて関連づける必要性が弱まります。自分の成果がどのように評価されたのかについて信頼できなければ、賃金と成果との関係に期待できません。ただ、賃金と成果との実際の関係に対する信頼のインパクトの大きさは、成果測定の信頼性の差がわずかな場合、それほどではないのかもしれません。

　実際の成果と賃金との関係に対する信頼度がそれほどには強くなかったとしても、信頼性を高めなくてはならない2つ目の理由があります。もし業績給制度において、業績評価が信頼できないものであるのなら、あるいは、信頼できるものとして受け入れられていないのなら、従業員は決定が下されることを進んで受け入れようとはしません。従業員の業績給増額が、その従業員の実際の成果のレベルによらず、むしろ、いつ評価されるのか、誰に評価されるのか、どんな基準で評価されるのかに左右されるのであれば、従業員はその業績給制度を拒絶することになります。

　つまり、結果だけでなくプロセスもまた、従業員が業績給制度を受け入れるためには重要で、信頼性は業績給決定プロセスの重要な要素の1つということになります。

 ## 正 確 性

　85ページの図にあるように、成果測定の妥当性を示すもう1つの指標は、成果に対して評価を下す際の正確性です。正確性は、従業員の成果に対する評価と実際の正しい成果、つまり"真実の成果"との関連性を問題としています。評価と真実の成果との関連性が強ければ強いほ

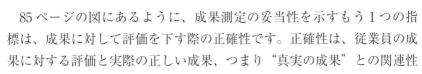

7　成果測定の妥当性の問題

ど、正確性が増すことになります。正確性には、成果測定が真実である
とか正しいといった意味が含まれていますが、どうやれば査定の正確性
が最適になるかについては、非常に議論が分かれるところです。

　正確性を高める評価手法として、外部のコンサルタントなど専門家に
よる業績評価を活用する場合があります。専門家は、従業員の模擬的な
作業手順または実際の作業手順について、見本として行う従業員の成果
を（多くの場合は録画を通し）観察して、評価します。この専門家によ
る業績評価は、真実の実績点数となります。そして、これが同一の成果
に対する他の専門家の正確性を測定するのに使われることになります。

　このように、正確性を査定することに難しさはありますが、正確性の
概念は、成果測定の妥当性という観点からは非常に重要なものです。業
績給制度において、成果に対する業績評価が正確に行われなければ、誤
って業績の低い従業員に対して業績給の増額がなされるかもしれませ
ん。つまり、間違って「業績あり」と評価された従業員が多額の業績給
の増加を得るかもしれません。その一方で、間違って「業績なし」と評
価された従業員が、わずかな増加しか得られないことになるかもしれま
せん。したがって、考課者の業績評価決定の正確性を担保するために
は、時々、専門家の業績評価を活用して、間違った決定を避ける必要が
あります。

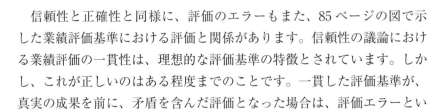

⑤　評価エラー

　信頼性と正確性と同様に、評価のエラーもまた、85 ページの図で示
した業績評価基準における評価と関係があります。信頼性の議論におけ
る業績評価の一貫性は、理想的な評価基準の特徴とされています。しか
し、これが正しいのはある程度までのことです。一貫した評価基準が、
真実の成果を前に、矛盾を含んだ評価となった場合は、評価エラーとい
うことになります。

　たとえば、管理者が、ある従業員を３年連続して優秀と評価していた
とします。この従業員の実際の業績は、３年のうち２年は優秀で、１年

は平均レベルだったとします。これは評価エラーと言えます。なぜなら、評価基準には3年間一貫性がありますが、従業員の実際の業績には一貫性がありません。このような評価エラーの主なものに、ハロー（後光）効果、寛大化、中心化傾向などがあります。これらの評価エラーについては後述します（129ページ参照）。こうした評価エラーがないことをもって、業績測定は妥当であるとされます。

　そして、人事部門の重要な役割は、評価エラーに気をつけるよう、現場の管理者に働きかけることです。このため人事部門は、成果に対する評価結果を集めて再検討する必要があり、もし問題や疑問のある評価エラーの傾向が発見された場合には、評価報告文書または口頭説明、あるいはその両方を求め、その評価が間違いでないことを明らかにするという役割を担っています。もし評価エラーが見つかれば、その問題について考課者を管理する上司に伝え、評価を修正するための行動を促すことになります。

⑥　関連性

　関連性の概念は、85ページの図に見られるように、業績評価と究極の基準の測定値との間の関係を示しています。ここで言う究極の基準とは、組織の最終的な究極の目標のことです。資質、行動、業績といった直接的で数値化しやすい基準と比べて、究極の基準は、より間接的で抽象的な基準です。たとえば、それは製品やサービスの競争市場に対して、その組織が貢献することの全体を指すことになります。

　関連性は、すでに説明した正確性の概念に似ています。しかし、その大きな違いは、関連性は、「個人の成果を測定することが、組織レベルでの有効性を測定することへと高められる」、つまり個人の成果と組織上の有効性がつながることです。

7　成果測定の妥当性の問題

(1)　欠陥と汚染

　ただ、関連性は決して完璧なものではありません。これは、「欠陥」と「汚染」として知られる2つの要因の存在があるためです。

　欠陥とは、業績評価では捉えられない基準内にある矛盾のことを指します。考課者には従業員の成果を観察する機会が限られており、評価では究極の基準のすべてを捉えることはできません。たとえば、監督者が報告を受け取るべき従業員の人数が多すぎて、1人ひとりの従業員の成果を観察する機会が限られてくることが少なからず起こります。

　汚染とは、業績評価基準とは関係ない、評価のなかにある矛盾を指します。従業員個人ではコントロールできない側面が成果のなかに含まれていた場合、評価が汚染されることになります。たとえば、外側から営業職を見れば売上をあげているように思えても、その数字は、営業マンの努力よりも、むしろ外部の経済環境の影響のほうが強いことがあり得ます。期待理論[※7] によれば、従業員自ら成果をコントロールできない場合は、報酬は成果をあげる動機とはなりにくいことがわかっています。

　なお、業績評価の関連性の度合いは、評価における汚染や欠陥の総量に影響されます。汚染が少なければ少ないほど、欠陥が少なければ少ないほど、関連性の度合いを高くすることができます。さらに例をあげて、汚染と欠陥の概念を明確にしておきます。

(2)　汚染と欠陥の事例

　全米フットボール連盟（NFL）では、連盟所属のクォーターバック

第4章　職務基準の人事制度における業績管理とその理論

選手の行ったパスの成果を評価するために、パス評価システムを使っています。パスの成果は4つのカテゴリーを使って評価されます。すなわち、パスコンプリート、タッチダウン、インターセプト、1攻撃当たりの平均得点の4つです。それぞれのカテゴリーごとの評価と全体的な評価とを決定するにあたっては、そのクォーターバック選手の成果が、NFLと旧アメリカ・フットボール連盟（1960〜1971）におけるクォーターバックの成果に関する統計データとで比較されています。

このクォーターバック選手のための評価システムに対しては、以前から「評価は不当である」と、反感や嫌悪感を示すクォーターバック選手がいるようです。その理由は、報奨金（インセンティブ）がしばしばこの評価をもとに算定されているにもかかわらず、評価システムに汚染と欠陥があると捉えられたためです。

たとえば、防御ラインのパフォーマンスが低いなかでクォーターバックをやるのと比べたら、防御ラインのパフォーマンスが高いなかでやるほうが、クォーターバックとしての評価も高くなるのは当然で、同じチームの他の選手のプレイによって評価が汚染されていると考える選手もいます。

ほかにも、チームの業績に対してクォーターバックの果たす貢献のすべてを測定できていないという欠陥があると考えている選手もいます。それは、ボールを持って何ヤードも突進することやプレイコールを的確に行う能力といった、パス以外の貢献が評価算定から抜け落ちているためです。

(3) 関連性の推定

そもそも究極の基準そのものが抽象的で間接的であることから、関連性の概念を測定することは現実的には困難です。よって、これまで見てきた他の指標と異なり、関連性を評価するのに使える方程式のようなものはありません。

このため、業績評価およびその状況をもとに妥当性を推定することになります。そのための1つの方法としては、業績評価と究極の基準を表

す中間的な指標とを用いる方法があります。中間指標としては、たとえ
ば、組織の戦略的役割といったものがあります。

　関連性を推定するためのもう1つの方法は、評価における汚染や欠陥
につながりそうな状況がないことを探し求めることです。汚染や欠陥が
少ないほど、妥当性のレベルが上がります。たとえば、監督者に報告書
を提出する従業員が少なければ、多い場合と比べて個々の従業員を観察
する機会が増えるため、監督者が行った評価は関連性が高いことが期待
できます。そして、欠陥が少なくなれば、妥当な評価を行う可能性は高
くなります。

　関連性を評価することは難しいのですが、従業員が、「成果は個人が
コントロールできないもの」であるとか、「組織に対する実際の貢献が
適切に反映されていない」などと思う場合、報酬と成果との間に理想的
な関係を築けていると考えなくなります。そのため、関連性を評価する
ことは、業績給制度を運用するプロセスには不可欠となります。

8 　業績評価基準を評価する ための指標の選択

1　複数の指標が独自に情報を提供する

　成果測定の正当性や妥当性を評価するには、複数の指標が必要になります。成果測定の妥当性を評価する唯一最良の方法というものはなく、それぞれの指標が、成果測定の妥当性について独自の情報を提供してくれます。

　さらに、それぞれの指標を代用するわけにはいかないこともわかっています。たとえば、ハロー効果によるエラーと評価の正確性との関係はあまり強くないと言われており、ハロー効果が減ったとしても、必ずしも正確性が上がるわけではありません。したがって、公正さに関する同一の指標を測定するのに別の方法を使えば、別の結果になる可能性があります。

　ただ、組織における成果測定は、正確で妥当なものであるべきです。このため組織は、成果測定プロセスを検証したときに、これまで述べてきた指標（特に 85 ページの図で示した指標に関して）において高いレベルにあることを理想としています。

2　矛盾のない成果測定に確信を持つ

　しかし現実は、すべての指標で成果測定値のすべてを診断するためのデータを収集する時間や資源もありません。つまり、これを文書化し、証明しようとすることはかなり難しいということになります。

　組織は、その成果測定のすべてについて、その内容が妥当で信頼のお

けるものであると言えるところまで作り上げたうえで、成果測定を行わなければなりません。このため組織は、成果測定が従業員の仕事に関して最重要な側面を測定しているのであり、これを行うにあたっては矛盾のない、信頼のおける方法であることに確信を持ち、成果測定を行うことが非常に重要となります。

　業績評価における多くの成果測定は、従業員の組織に対するすべての業績貢献を完全に表したものでは決してありません。これに関するある調査では、考課者相互間の信頼性および収束的妥当性の高さと評価エラーの発生量の減少は、完璧に近い研究室の状態において達成されていることが確認されています。これは、研究室が、評価対象となる業務について熟知している考課者から構成されており、成果を観察する機会が広く存在し、上手く開発された評価尺度が使われているからです。

　また別の調査では、完璧に近い状態の現場では、高い信頼性や収束的妥当性と弁別的妥当性が達成できています。たとえば、十分に経験を積み、よく訓練された審判が、非常に厳しい観察を行っているような世界レベルのフィギュアスケートの大会に見ることができます。

　これらのことから、業績評価の妥当性を高めることがいかに困難であるか理解できます。

業績評価基準の妥当性を改善する方法

　業績給制度での報酬増加額決定のための基準（業績評価基準）として、完璧な妥当性を有するものを開発することは不可能です。しかし、妥当性の指標のなかに、報酬増額と関連するいくつかのステップがあります。これを確認することで、組織における成果測定の運用上、認識される公正性や法的防御力を高めることになります。

　これらのステップを検証することは、業績評価基準がどのように開発されたかだけでなく、基準がどのように運用されたかを明らかにするということです。これは、基準がどのように使われているかが、基準それ自体と同様に重要なことであることを示します。

　なお、これらのステップから、業績評価を導入するためのプロセスにはコストがかかることがわかります。ただ、効率的な賃金理論の下、組織が従業員の成果を観察しようとすれば、管理コストが発生するものです。そのコストには、適正な成果測定が行われていることを確認するための時間やお金が含まれます。業績給制度導入を検討する際には、生産性向上に対する期待だけでなく、予想されるコストにも注意を払い続ける必要があります。

　職務・役割等級人事制度の構築・導入ステップは、下図の通り、

・組織（企業）が今後の経営環境に適応し発展することを目標としたビジネスモデルの策定

・業務および職務分析によるビジネスプロセスの構築または改革を実施し、

・このプロセス（業務・課業・役割行動）による業績管理・業績評価と個々の職務責任の確立

ができるようになっています。ゆえに、この構築・導入ステップには多くの時間とコストがかかりますが、制度設計は科学的、合理的にできていることから、非常に効果的、効率的に制度の運用ができると同時に、

	手　順	内　容	メンバー
フェーズ1	1．キックオフ	①社長の方針発表 ②これからのイノベーション活動について ③プロジェクトの立上げ	
	2．現状把握	環境分析をするための行動計画の策定 ※部門別の環境分析も実施する	経営幹部 （管理職以上）
	3．経営環境分析のための調査・分析	①調査（特に、顧客ニーズ、外部環境） ②課題の確認	プロジェクト
	4．業務調査	①現状の業務の流れと内容の洗出し ②困難度・知識・能力レベルの確認	プロジェクト
	5．経営課題の確認	①経営目標と上記2～4の結果をもとに、経営課題を洗い出す ②全社経営計画の策定 ③部門別課題の検討 ④部門行動計画の策定	各部門責任者
フェーズ2	6．新業務フローの構築	①経営課題および部門課題を踏まえた、新たな業務フローの構築 ②プロセス監視指標の設定 ③業務分析 ④役割編成	プロジェクト
	7．新組織体制の検討	①上記6の新業務フローを組織に落とし込む ②業務分掌の作成 ③会議体の設定	経営者層
フェーズ3	8．人事制度の構築	①役割基準および等級制度の策定 ②人事考課制度の策定 ③能力開発制度の策定 ④目標管理制度の策定 ⑤賃金、賞与、退職金設計 ⑥社員説明会	事務局
	9．目標設定	新年度目標の設定と個人目標への展開	経営者層 管理・監督者

第4章　職務基準の人事制度における業績管理とその理論

	手　順	内　容	メンバー
フェーズ4	10. 各部門のプロジェクト活動	①新規開拓、深耕策の実行（営業） ②標準化活動 ③現場改善活動　など	プロジェクト
	11. 人事考課者訓練	公平・公正な人事考課を実施するための訓練またはコミュニケーション（フィードバック）能力の向上	一次、二次考課者
	12. 新人事制度の運用	①辞令作成 ②ガイドブック作成 ③社員説明会	

妥当性の高い業績管理・評価ができるようになっています。

❶　戦略的使命とのつながり

　評価の妥当性を改善する1つの方法は、業績評価基準と評価を組織の戦略的な使命に結びつけることです。組織の使命とは、上位クラスの意思決定者が、組織の戦略的な方向性に関するフィロソフィを表明したものです。そして、組織の使命をより具体的に表している「ミッション・ステートメント」を結果主義や行動主義での業績評価にどう転換し、業績指標とするかが重要になります。

　ミッション・ステートメントは、その組織が行う事業分野において、業績評価基準を確立するために活用でき、また考課者が、組織の理想とすべき最終結果に気づけるよう活用することもできます。

　しかし、業績指標をいくら設定しても、戦略が実現できないという話を多く耳にします。これは、業績指標と戦略の取り違えが起きているためであり、これを「業績指標と戦略の取り違えの誘惑」とも言います。

　業績指標の目的は、戦略の実現にあります。しかし、組織成員は業績指標ばかりを追いかけるようになり、戦略を見失うことがあります。特に、業績指標と戦略が十分に整合していない場合は、企業にとって大きなダメージにつながります。そのうえ、日本の多くの企業は、この現象

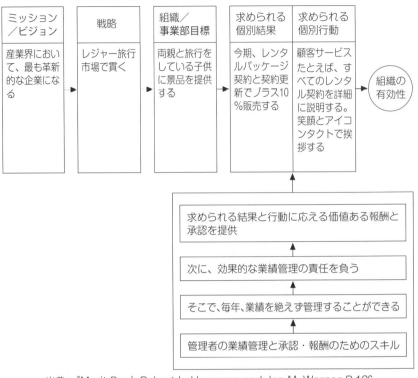

●**National Car Rental 社の例**●

ミッション／ビジョン	戦略	組織／事業部目標	求められる個別結果	求められる個別行動
産業界において、最も革新的な企業になる	レジャー旅行市場で貫く	両親と旅行をしている子供に景品を提供する	今期、レンタルパッケージ契約と契約更新でノラス10％販売する	顧客サービスたとえば、すべてのレンタル契約を詳細に説明する。笑顔とアイコンタクトで挨拶する

組織の有効性

求められる結果と行動に応える価値ある報酬と承認を提供

次に、効果的な業績管理の責任を負う

そこで、毎年、業績を絶えず管理することができる

管理者の業績管理と承認・報酬のためのスキル

出典：『Merit Pay』Robert L. Heneman and Jon M. Werner P.126

を「結果（成果）主義」として業績指標までをも否定し、人間を尊重した組織開発に偏向していくという間違いを犯しています。

　この取り違えを回避するためには、①戦略の策定に各部門の管理職を参画させ、理解をさせたうえで業績指標を設定すること、②指標が達成すべき目標にとって完璧ではないことを理解し、指標と業績給を直結させないこと、③戦略から外れたり、取り違えを生じさせたりしないよう複数の指標目標を設定することが重要となります。また、報酬と直結していなくても、業績指標が存在するだけで取り違えが起きる可能性があります。このため、指標の有効性や妥当性の確認が必要となります。

第4章　職務基準の人事制度における業績管理とその理論

❷ 職務分析

　業績評価の妥当性を改善するためには、業績評価基準が職務分析を基礎としていることが不可欠です。職務分析とは、職務の義務や要件を体系的に記述した職務記述書を作成する手続きを言いますが、残念ながら、多くの組織はこの原則に従っていません。

　業績評価基準を確立するために効果的な職務分析の１つの方法として、クリティカルインシデント法があります。この方法は、過去において見られた効果的な行動と、そうではない行動についてのリストを作成し、成果測定を確立するために使うというものです。これは、行動観察による行動頻度を尺度としたものといえます。クリティカルインシデント法を基礎としている業績評価基準は、業務との関連性が高いことから、業務とまったく関連していない評価基準と比べ、より正確な評価を実現する可能性が高く、より信頼性の高い評価を実現できることになります。

　「プロセス展開表」を活用した職務分析法は、評価の信頼性を高めるだけではなく、展開表に書き表された課業と職務活動内容（行動）が、期待される結果（業績）に結びついています。これによって全体最適になるように構築された業務プロセスが動くことになるため、会社全体の業績をも向上させることができます。

❸ 多面評価

　業績評価を行う場合の一般的なルールは、複数の考課者を使うことです。考課者といえば、典型的には直属の管理監督者です。しかし、直属の管理監督者以外の者、つまり同僚、被考課者自身、部下そして顧客や取引先などによる評価もできます。１人の考課者による評価だと欠落してしまう点があったとしても、複数の考課者にすることで他の考課者の観点が加わり、その欠落を補うことができます。このため、より妥当な評価を得ることができることになります。

このように、多面評価は、評価上の見落としをなくすのには最適かもしれません。しかし、他方では業績給制度への適用において問題をつくり出す可能性もあります。それは、考課者が複数いることによって、評価の汚染が生じるからです。たとえば、被考課者は、より多くの業績給増額を得ようとして、評価を水増しするかもしれません。同僚は、被考課者が自分よりも多くの増額を得ないように、被考課者に対する評価を落とすかもしれません。こうした評価の歪みは、評価結果が競合する状況（たとえば、業績給増額に対する予算に上限がある場合）では、より発生しやすくなります。

　また組織は、業績給制度の運用において潜在的な問題がある場合（多くの場合、この問題をかかえているとは思いますが）、多面評価を慎重にする必要があります。つまり、多面評価をする場合、その評価のプロセスを注意深く管理しなければなりません。直属の上司は他の考課者達から聞いた成果に関するエピソードを活用できますが、これらの情報を使う場合、以下の条件を満たすことが必要です。

　第一に、他の考課者達による評価ではなく、成果に関連した観察結果を使うことです。上司は、他の考課者達と違って、成果とそれに対応する業績給増額を含め全体的に評価するべきです。

　第二に、他の考課者達から情報を得た場合、上司はその情報を秘密にすることです。

　第三に、情報の入手先としては、被考課者の業務について知っており、その被考課者を観察する機会を持っている者から得ることです。

　つまり、業績給の決定のため、無批判に複数の考課者を活用することは適切ではありません。このため、業績給を分配する意思決定者は、他の考課者の評価を判断材料とするのではなく、観察材料として使うよう心掛けるべきです（第5章第4節第6項参照、133ページ）。

業績評価基準の開発への参画

　業績評価基準の開発には、業績評価の影響を受ける従業員たちを、成果基準の開発に関与させることが重要です。これは、次のような理由からです。

① 　考課者が業績評価基準の開発に関与している場合には、評価基準の開発に関与していない考課者による評価結果と比べて、ハロー効果による評価ミスが少なく、収束的妥当性がより高くなります。

② 　開発に関与した考課者は、そうでない考課者と比べ評価に対する満足度が高く、また改善の意欲も高くなります。

③ 　考課者を開発に関与させることは、業績給制度の総合的な効果を受け入れることと相互に関係があります。

④ 　最も推奨される方法として、困難を伴いますが、上級管理者の関与のもと、考課者だけでなく、より多くの従業員を開発のプロセスに関与させる方法があります。これにより、業績管理と報酬のシステムの改善が進むことになります。

　以上のように、業績給制度のためには、考課者と被考課者の両方が評価基準の開発に参加すべきです。ただ、評価基準の開発には誰でも参加できるというものではなく、それなりのスキルやモチベーションが必要です。このため、評価基準を開発するためには、管理職と部下の両方を教育しなくてはなりません。なお、大きな組織になると、評価基準の開発に多くの従業員を関与させることは不可能です。そのため、管理職と従業員双方から代表者を出してタスクフォースをつくり、開発に参加させるなどの工夫が必要です。

　なお、業績評価基準の開発は、評価シートに落とし込まれることになるため、当然、従業員の資質を強調した尺度ではなく、行動観察による尺度になります（第3章第3節参照、48ページ）。

5. 考課者訓練

　一般的に、考課者訓練は、評価や業績給制度の運用を従業員が受け入れるために非常に重要なものです。同時に、今後ますます求められることになる法的安全性を高めるうえでも重要です。業績給制度の公正な運用のためには、評価プロセスに関わる全考課者が、組織の評価システムの内容や手続きに関する十分なトレーニングを受けておくことが不可欠です。

　考課者訓練の効果は、訓練の形式とその内容によって変わります。訓練に参加する考課者がアクティブであればあるほど、その訓練結果はよくなります。このため、講義形式でするよりは、臨場感のある事例について議論するような形式がよいでしょう。それにフィードバック訓練を加えることで、評価間違いが減少し、より正確な評価ができるようになり、評価の妥当性が向上することになります。

　なお、訓練内容については、観察すること、評価判定することの両方を重視する必要があります。観察に重点をおいた訓練は、実際に使われた評価基準内容を考課者が理解できるようになるため、より正確な評価につながります。また、成果判定に重点をおいた訓練は、評価間違いを最小限に抑えることができるようになります。

　このように、正確性と評価間違いの両方とも評価の妥当性を測る重要な指標であるため、観察と判定の両方を重視した訓練プログラムの内容にする必要があります（第5章第8節参照、145ページ）。

6. 管理の実践

　たとえば、いつ、どのように評価を行うのかといった管理業務は、成果測定が適切に行われたかどうかに影響を及ぼします。

　組織が必要としている考課者としての能力と、考課者が成果に関する情報を処理する能力とが不整合になることが、しばしば起こります。そ

の結果、評価の正確性が減少することになります。したがって、評価の正確性を改善するためには、管理業務として、考課者が主観に流されない心理的プロセス（知覚、思考、記憶、動機、感情など）を安定させている必要があります。

(1) 評価の時間的遅れ

　一般的に業績評価は、業績給決定のために1年に2回程度、実施されています。そのため、従業員の成果の観察時と評価する時点には、概してかなり長い時間が経過しています。実際のところ考課者の多くは、半年あるいは1年前になされた成果を評価するよう求められています。

　評価までに時間的な遅れがあれば、考課者の記憶力に対する要求は過大なものとなります。記憶が不完全であれば、評価もまた不完全なものにしかなりません。成果の観察と評価の時間的なずれが大きければ大きいほど、評価の正確性は低くなります。

　この正確性の劣化は、評価までのわずか3週間の遅れでも発生します。半年あるいは1年も経ってからでは、さらに大きくなることは間違いありません。したがって、1年に1度と言わず、それ以上の頻度で評価を行う必要があるということになります。少なくとも年に2回、可能であれば、四半期ごとに評価を実施すべきです。これは、一般的に従業員が要求しているものとも一致しています。

(2) 観察情報の量

　多くの考課者にとって、従業員の成果を観察する機会は限られています。この原因は、被考課者との指揮命令系統上の距離が遠いこと、物理的に距離が離れていることがあります。また、被考課者との間に双方向の関係をつくることが職責上は求められていないことも原因です。

　いずれにせよ、考課者は、従業員の日々の業務遂行度を記録および業務日誌（日報）で把握するなどのほか、従業員の成果全体の中の限られたサンプルをもとに、従業員の成果について略式即決の判定を下してい

るということです。

　観察にかける時間を増やせば増やすほど、評価はより正確なものとなっていきます。また、観察の機会を増やせば増やすほど、双方の信頼度も高くなるでしょう。このため、従業員の成果を観察することが容易となるように、労働条件を整えることも必要になります。

　たとえば、1人の管理者の下に、報告を受ける部下があまりにも多く、このため部下を観察する機会がごく限られてくるといった場合には、その従業員の同僚からの評価を使うことも検討できるかもしれません。

　また、大手のコンサルタント会社であるパートナーは、企業（or クライアント企業）の管理者の成果を評価するよう求められることがあります。管理者は顧客企業組織に出かけて、そこでかなりの時間が費やされることになります。しかし、パートナーにとって、管理者の実際の成果を観察する機会は限られています。この場合は、顧客企業組織に管理者の評価を依頼したほうが適切です。というのも、顧客のほうが管理者をよく観察しているからです。

(3)　日々の観察記録（日誌）をつける

　時間やその他の資源の制約があるなかで、組織は、管理業務と考課者の記憶に矛盾が起こらないようにするために、日誌をつけることを義務づけることもあります（124 〜 125 ページ「行動観察シート」参照）。従業員の成果を注意深く記録することにより、成果を評価する際、考課者は記憶ではなく文書を頼りにすることができるようになるのです。

　さらに言えば、日誌や記録があれば、成果に関する情報があまりに多すぎて乱雑になった状況のなかに、何らかの体系を打ち立てることができます。この体系によって、情報（記憶）をたぐり寄せることがより簡単になり、考課者は評価において一層の識別力を発揮できるようになります。その結果、考課者自身の満足も得られます。

　日誌をつけていた考課者は、日誌をつけなかった考課者よりも正確な評価を行えます。なお、日誌を整理する際に、被考課者が行った業務単

位ではなく、被考課者を単位として整理したほうが、より正確な評価を行えます。

　過密なスケジュールを抱えている考課者に極めて詳細に日誌をつけることを求めることは酷かもしれません。しかし、従業員の評価に関する重大な出来事（評価対象行動）を記録し、文書化しておくことは、考課者に求められる業務慣行であると認識することが必要です。

7 社会的な比較

　アメリカでは相対評価が広範に利用されているわけではありませんが、考課者に他の部下の成果に関する情報を比較情報として与えた結果、評価に対する収束的妥当性が改善したとする研究調査があります。

　この調査では、①評価と成果の客観的測定との間により強い相関関係があること、②自己評価と上司からの評価との間に強い相関関係がある場合は、絶対評価ではなく相対評価で実施されていることがわかりました。つまり、評価についての収束的妥当性が改善するのは、絶対評価でなく相対評価だということになります。

　ただ、この理由は2つあり、1つ目は、成果を判定する場合、人は概して他の人間の成果に関する情報を比較情報として探し出す特性があること、2つ目には、考課者にとっては、相対評価のほうが考課者業務としては単純になるためとされています。

　確かに相対評価は、評価基準の定義や尺度に従い被考課者を落とし込んでいく作業と比べると簡単です。しかし、すでに述べたように、法的に問題がないよう、相対評価が公正であると認められるよう十分な注意を払ったやり方で、確実に運用される必要があります。

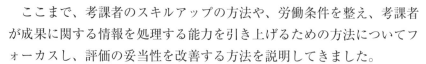

8. 考課者のモチベーション

　ここまで、考課者のスキルアップの方法や、労働条件を整え、考課者が成果に関する情報を処理する能力を引き上げるための方法についてフォーカスし、評価の妥当性を改善する方法を説明してきました。

　評価の妥当性を改善するもう1つの方法は、評価を妥当なものにしたいという考課者のモチベーションを引き上げることです。これは、考課者のスキルや能力にフォーカスするのと同等か、それ以上の効果が期待できるものです。

　なお、考課者にやる気を起こさせるような報酬が何もない場合、考課者が評価を実施するにあたって、妥当性のある評価を行うことを期待することは難しくなります。考課者を動機づける1つの方法は、自ら下した評価に対する説明責任を負わせることです。

10 上位職務遂行のための潜在能力の判断

　本章では、職務成果と評価のあり方および業績給の関係について説明しました。これに加えて、個々の従業員の他の職務、特に上位の職務をこなすことができる潜在能力をどう判断するかという重要な問題について述べておきます。

　組織として、経営管理者層の開発のためには、より高い権限を有する職務を遂行するための潜在能力に関する判断が不可欠です。その手続きとして、従業員が十分にこなせると期待できる他の職務に何があるのかを決定し、その職務レベルの成果を達成するためにはどれくらいの時間が必要かを見積もり、また、事前に経験させ、訓練するべきこととして何が必要かを決めておくことが求められます。

　これらを決定するために、通常、成果報告をする管理者に対して、人事部門が簡単な報告書の作成についての指導を実施します。その報告書は、しばしば成果報告書に添付されることになります。

　次ページの表は、より上位を目指すだけの潜在能力があるとみなされた上級スタッフのために記入すべき基本的な質問表です。管理者は、この潜在能力に関するレポートを作成後、能力開発計画や後継者育成プランを策定することになります。

　重要なのは、この段階においてのみ、潜在能力が影響する個人の賃金プランニングについて考慮することができることです。というのも、潜在的な上級役員候補を多く抱える企業であっても、結局のところ、この全員を上級役員にできるような賃金を支払う余裕はないからです。このように、潜在能力があるからといって、これだけで報酬に直接結びつけることはほとんどなく、実際には、明らかになっている満期欠員に向けたキャリア昇格に関する計画において、賃金プランニングが考慮されています。

● 現場マネジャーによる部下の潜在能力の年次評価（記録様式）●

従業員の潜在能力の評価

従業員氏名：   役職：   部門：   グループ：
部下はキャリアの異動についてどのような準備ができていますか？推薦すべき役職と本人のやる気について述べなさい。
上記内容を示唆する、あなたが根拠としたものを要約して記述しなさい。
部下の潜在能力（5〜10個、または最大数）に関してあなたの見解を述べ、その根拠となる事実を示しなさい。
上記内容を達成するために克服しなければならない、何か重大な欠点（経験も含めて）は、ありますか？また、これに対しどんな行動改善計画が立てられていますか？
署名：　　　　　　　　　　　　　　日付：
人材開発部門による特記事項：

出典：『Salary Administration』 Gordon McBeath, Nick Rands (Gower Pub Co (1989/5/1)) P.130

第4章　職務基準の人事制度における業績管理とその理論

第5章

人事考課制度の運用
～実践編～

1 人事考課の方式の選定

　主だった人事考課の方式は以下のように整理できますが、発揮した行動および業績を基準と照合し評価できる執務基準評定法が、役割（職務）等級制度には最も適しています。

執務基準評定法	
職務遂行の実際が、定められた執務基準に達しているかどうかによって、勤務成績の良否を判定する	
課業基準評定法	職務評定基準法
職務を構成する課業を摘出し、課業ごとの執務基準を設定してから、その基準に照らして、従業員の成績が上下にどの程度逸脱しているかの判定を行う	職務評価の点数法における要素と同じ要素を評定要素として選び、職務評価における要素別格付段階を要素別執務基準として、勤務成績を評価する

評価尺度法
知識・熟練・能力や勤務成績の良否を判断するのに必要な分析的評価要素を選び、それらの評定要素に含められている能力や行動を、当該従業員がどの程度所有または発揮しているかを、日常の勤務状態から判断して、それぞれの評定要素に対応する尺度上に示し、その位置に人為的に与えられている点数単位によって、数量化する。 「数字あるいはアルファベット尺度法」「評語法」「人物比較法」「行動見本法」がある

照 合 法
特殊な問題に対する思考または姿勢や行動について、賛成から反対、積極から消極の方向に尺度化した一連の文章を与え、同意する項目をチェックさせる。それぞれの項目には「その問題に関して賛成または反対の程度をあらわす」尺度値があらかじめつけられている

プロブスト式考課法	オッドウェイ式考課法
具体的な行動見本を示す勤務方向書と報告された事実の採点基準とからなっている	特殊な業務を考課するA式考課表と、プロブスト式と同じようなB式考課表からなる。A式考課表による考課では、事実をチェックするだけでなく、その証拠を示す点に特色がある

多項目総合評定法
ともすれば機械的な分析評価になりやすい評価尺度法と素朴な総合評定法の欠点を補う方式

2 人事考課要素の構造と 考課要素の選定

1 人事考課要素と従業員の価値評価

　人事考課は全体的な人間の価値を、分析的に判定された特性の価値の累積として表します。このため、選ばれた考課要素は全体的な価値の構造に対応しており、立体的に組み合わされ、全体的な価値の体系を再現できるものでなければなりません。

　つまり、従業員の価値（経営への貢献度）は、業績と勤務成績という職務活動の結果だけでも判定することができますが、この前提として、期待される結果をもたらすことができる知識・技能や性質の保有度も必要となります。

　ただ、ここで注意しておきたいことは、従業員の価値評価という面において、能力の保有度も能力構造として否定するものではありませんが、人事考課とは、対象期間中に設定した目標の達成状況や実績を事後に評価することが基本であるということです。客観的に測定しがたい能力の保有度によって、結果を出さずとも昇格していく従業員が出てくることになってしまったこれまでの職能資格制度の失敗を教訓とし、能力の保有度によって考課することについてはできる限り避け、これについてはアセスメントによって今後の業務目標、能力開発目標、新しい配置転換など将来に向けて能力を活用していくことに活かすべきです。

2 人事考課要素の構造

　人事考課要素の構造は、大きく言うと業績（結果）と役割行動能力が

あります。

　業績は、その期に与えられた役割と組織の一員としての遂行結果からなります。

　役割行動能力は、目標を達成するために職務をいかに遂行すべきかなどに関するスキルおよびその根拠となる知識・技能からなるジョブ・スキルと、このジョブ・スキルを起こす要因としての考慮、願望、感情の自己コントロールや価値観などからなるセルフコントロール・スキルからなります。

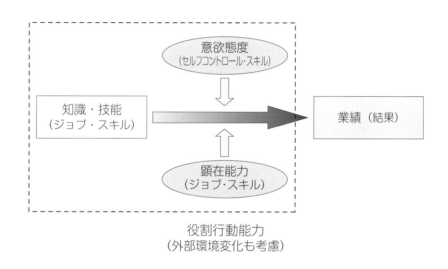

役割行動能力
（外部環境変化も考慮）

❸ 考課要素と定義

（1）　業績考課要素

①　業績（量）

　業務処理の速さ、処理量、納期の遵守率などの度合い（売上目標・利益目標・商品回転率目標の達成度）

② 業績（質）

業務処理の正確さ、出来栄え、信頼性などの度合い

③ 目標達成度

目標管理シート（目標管理制度上の）に書かれた目標達成の度合い

④ 業務管理

管理職の業績考課要素については、部門業績を達成するため業務の全体をどれだけ把握し、推進したかの度合い

（イ）計　　画

現状を的確に分析し、あらかじめ今後のリスクを予測したうえで精度の高い計画を設定し、それを達成するための段取りを立てられていたか

（ロ）組　織　化

部門業績を達成するためにヒト・モノ・カネなどの資源を調達し、これらを効果的に編成（割当）できていたか

（ハ）司　　令

計画実現に向けて従業員に具体的に行動を起こさせることができていたか

（ニ）調　　整

関係する人々と連絡し、折合いをつけ、調和と均衡を保っていくことができていたか

（ホ）統　　制

業務が計画された通りに遂行されているかどうか差異分析を行い、適切に対応していたか

(2)　ジョブ・スキル考課要素

① 理　解　力

仕事の状況や状態を的確に把握し、また、指示内容や意味、意図を正しく捉え行動したか

② 判断力

情報を比較、識別、評価、総合化し、状況、条件を論理的に分析し、適切な判断、対応処置をしたか

③ 決断力

諸々の情勢を的確に察知し、グループ目標を達成するため、大局的な立場で数ある代替案のなかから有効なものを選び、速やかに意思決定し、実行したか

④ 表現力

口頭または文書により、伝達しようとする意思・目的や報告すべき事項を的確に表現したか

⑤ 交渉力

仕事を進めるうえで、関連部門、関係先と折衝し、自分の意図、考えを相手に伝え、理解、納得させることができたか

⑥ 折衝力

組織を代表して社外の人と接し、適期をつかみ有利に協力、理解を取り付けられたか

⑦ 創意工夫

担当する仕事の方法、手段等について、自ら改善したか

⑧ 企画力

職務を遂行するため、その方法、手段を実現性あるものとして効果的にまとめ、展開したか

⑨ 開発力

将来の予測、見通しに立ち、担当する分野におけるまったく新しい方法を創案し、具現化に向けて展開し、利益貢献につなげたか

⑩ **指導監督力**

下位者に対して業務上必要な知識、技能を向上させるため適切な指導をし、仕事上の指導をしたか

⑪ **知識・技能**

格付けされている役割（職務）等級に期待され求められている知識・技能（基本的能力）があるか

(3) セルフコントロール・スキル考課要素

① **積 極 性**

担当業務に関し、現状に満足せず、質的向上、量的向上を目指し、自己啓発など意欲的に行動したか

② **協 調 性**

チームの一員としての自覚を持ち、上司・同僚、さらには他部門とも相協力して仕事を進めたか

③ **規 律 性**

社内ルールや秩序、上司の指示、社会常識などを守り、円滑に仕事を進めたか

④ **責 任 性**

自己の役割を理解し、最後まで全力で取り組み完遂したか

⑤ **企業意識**

経営幹部としての自覚、経営者的視野に立って行動したか

(4) 人事考課要素の選定

考課要素の選定の第一として、客観的な要素を選び、それに明確な定

義を与え、その要素では従業員のどの部面をみるのかをはっきりさせることが求められます。要素の内容が具体的かつ明確で、単一の内容を持っていなければ、正しい評価を期待できません。

　また、それぞれの要素については着眼点を明らかにし、評価上の注意点を明示しておくことも必要です。

　第二に、要素は職掌別または役割（職務）に必要な特性に合わせて選ぶことが求められます。つまり、課業基準評定法（112ページ参照）のように、役割（職務）ごとに評価の項目を決め、役割（職務）ごとに判定基準を決めるのが理論的にも最も妥当と言え、これを目指すことです。

　第三に、重複する要素は避け、被考課者間に差が見出されない要素は除くことが求められます。また、同じ考課要素のなかに、結果としての「貢献」と、その前提条件としての「特性」を含めてはなりません。

		管理職層	監督職層	一般(上級)	一般(中級)	一般(初級)
業績考課	量	○	○	○	○	○
	質	○	○	○	○	○
	目標達成度	○	○	＊	＊	
	業務管理	○				
役割行動能力	理解力					○
	判断力				○	
	決断力		○	○		
	表現力					○
	交渉力				○	
	折衝力		○	○		
	創意工夫					○
	企画力				○	
	開発力		○	○		
	指導監督力		○			
	知　識	○	○	○	○	○
	規律性		○	○	○	○
	責任性		○	○	○	○
	積極性		○	○	○	○
	協調性		○	○	○	○
	企業意識	○				

注）　＊は、目標管理が運用できると判断された職種あるいは職群によって異なる。

(5)　評価段階の決定

　現在、最も多く使われている評価段階は、5段階前後です。この段階が少なすぎれば、考課者の意欲が阻害され弁別力は効果的に用いられないし、考課者の弁別力を超えて細かい段階を用いては、評定結果に信頼を置けなくなります。

　では、どの程度の段階が適正なのかということになりますが、これは①どんな特性か、②その特性はどのくらい明確に定義され、客観的に観察され得るか、③どれだけ慣れた考課者が評価するか、④どのくらいの熱意を持って評価するか、⑤どのくらいの精度を求めて評価するかで決まります。

(6) 考課要素のウェイト（重み）の決定

　分析的な考課を実施し、その結果を総合して点数化する場合には、各要素に与えるウェイトの問題があります。階層別、職掌別、職務別に要素の重要度は異なり、同一ではありません。

　このウェイトの決め方については、従業員の労働力の種類をよく知っている人たちが、各要素が全体的な価値を構成する過程に占める相対的な重要度を合議で決定する方法が、最も一般的です。

　また、成熟化した市場において顧客の潜在的な問題を発見し、積極的に企画提案していく、グローバルな視点から調達、原価企画を考えるなどの、これからの経営戦略を実現するうえで、今後たとえ少しずつでも各役割（職務）に求めていく能力について大きなウェイトを与えることも必要となってきます。

　いずれにしても、考課要素の内容（定義）を十分に理解し、各人の間における要素の意味把握を統一してから重要度を判定させることが必要となります。

3 コンピテンシーで人事考課制度を構築する際の留意点

　多くの機関、企業からコンピテンシー・ディクショナリーが公表され、そのなかからコンピテンシーを選び、これを人事考課としている企業も多く存在します。また、これまで職能資格制度で使われてきた考課要素を嫌い、多くの企業が独自で格好良い考課要素名をつくり運用しています。

　たとえば、業績が低迷しているなかで、事業企画力を重視している企業が、コンピテンシー考課において「事業企画力」「市場情報収集力」「調査分析力」などと多くの考課要素を設定しておきながら、考課要素の定義がされていない、あるいは定義に大きな違いがないため、企画力のない従業員はコンピテンシー考課においてはすべて悪い評価となってしまうことがあります。

　また、企業が独自に考課分類、考課要素を設定すると、考課要素の定義が曖昧であったり、あるいは重複していたり、また職務等級にふさわしくない考課要素あるいはコンピテンシー・レベルの行動が適用されていたりするなど、混乱しているケースが多くあることから、考課分類および考課要素の設定については十分な注意が必要です。

4 人事考課の実際

1. 人事評価のステップ

　人事評価のステップには、考課対象（行動事実）の選択、考課要素の選択、評価段階の選択という、3つの選択（ステップ）があります。

(1) 考課対象（行動事実）の選択

　事実に基づいて考課するとなると、人間の記憶の曖昧さから、非常に難しい問題が起こります。半年、1年間の部下の勤務ぶりをどれだけ覚えていられるかということです。

　ドイツの心理学者ヘルマン・エビングハウス（1850-1909）は、記憶（記銘・保持・再生）が時間経過によってどのように変化するのかを、実験法を用いて忘却曲線という形で記述しました（『エビングハウスの忘却曲線』）。

　無意味綴りを記憶（記銘）させて、その記銘した内容が時間経過によってどのように忘却されていくのかを再生率を確認して測定した結果は、以下の通りです。

- ・　20分後には42％を忘却し、58％を保持していた
- ・　1時間後には56％を忘却し、44％を保持していた
- ・　1日後には74％を忘却し、26％を保持していた
- ・　1週間後（7日間後）には77％を忘却し、23％を保持していた
- ・　1か月後（30日間後）には79％を忘却し、21％を保持していた

つまり、この忘却を食い止めるためには、実際にあったことを「行動観察シート」（次ページ参照）などを活用し、記録にとどめておくほかありません。

　次に、記録した事実の解釈の問題があります。事実からそのまま直ちに、考課の結論を導き出すことはできません。何でもかんでも上司に相談したという事実の背景には、知識や技能の不足で自分に自信がない場合もあれば、「一応、何でもかんでも相談してやれ」と投げやりで無責任な気持ちであったり、偽りの従順さを見せ上司に取り入ったりする場合もあることでしょう。

　つまり、考課対象行動（事実）は、「資質」（知識やスキル）を伴っている行動であること、結果を明確に意識した意識的・意図的な行動であること、被考課者のレベルの行動がたまたまではなく年間を通じて必要な場面で「安定的」に発揮されていることを判断します。

　なお、考課対象期間外の行動を取り上げて評価することはあってはなりませんが、就業時間外での出来事をどう取り扱うかについては、会社ごとに統一した考え方や基準を示し、考課者訓練などを通じて徹底することが重要です。近年、厳しい経営状況のなかで、従業員の精神的不安定からハラスメントによる事件が頻発していますが、考課者の主観・イメージによって評価に違いが生じることがないようにしておくことが求められています。

(2)　考課要素の選択

　人事考課の対象となる行動（事実）の把握ができたら、この行動をどの考課要素で考課するかを判断することになります。

　この際、行動は必ず1つの考課要素を選ぶことになりますが、考課分類が異なれば、2つ以上の要素を選ぶことは可能です。ただし、この場合は相関性が極めて高いことが前提となります。

　しかし、相関性が極めて高い考課要素が絞り込まれ、そのどちらかの選択に悩んだ場合は、会社の価値基準に照らし、従業員に良い結果（今後の期待される行動変革）をもたらせる考課要素を選択することになります。

行動観察シート

No.1

氏名 _____ 所属 _____

評定要素	月日	プラスポイント	月日	マイナスポイント
		観 察 し た 事 実 （行動）		
知識・技能	●月●日	・プログラムが自在に組めた。	●月●日	・●●のミスは、会計原則や経理基準を知らないために起きた。
理解判断力			●月●日	・イレギュラーの処理のため、対応できなかった。
企画・開発力			●月●日	・事務全般のスケジュールの立て方のポイントが不完全であった。
表現・折衝力	●月●日	・××教育プロジェクトにおいて要領よく説明して快く納得してもらった。	●月●日	・経理部の〇〇君に対して経費振替の件で批判的・感情的に発言した。
指導・統率力				

第5章　人事考課制度の運用　～実践編～

評定要素	プラスポイント 月日	プラスポイント	マイナスポイント 月日	マイナスポイント
規律性				
協調性	●月●日	・後輩の△△さんが受けた顧客からの苦情電話を代わって対応した。		
積極性	●月●日 ●月●日 ●月●日	・自らの意思で「パソコン教室（上級）」の通信教育を受講した。 ・先手先手で仕事をこなし、●●部門の××課長に感謝された。 ・新入社員の指導方法の改善提案をした。		
責任性	●月●日	・すぐに顧客からの苦情を上司に報告し、指示を仰いで処理をした。	●月●日	・期初に指示されていた新入社員の指導を忙しいのを理由に断った。
原価意識				
業績（質）	●月●日 ●月●日	・営業マンの要望に応えているいろいろなデータをアウトプットした。 ・作成した新入社員のための事務マニュアルが大いに役立った。	●月●日 ●月●日	・経費振替に誤りがあった。 ・●●の事務処理に関して、細かいところは多少雑なところがあり、上司のチェックが必要であった。
業績（量）	●月●日 ●月●日	・●●の幅広い担当業務の全体をカバーしてこなした。 ・●●の予定期限に十分余裕を持って作業を終了した。		

観察した事実（行動）

125

4　人事考課の実際

(3) 評価段階の選択と評価Bの基準確認

　考課要素を選択できたら、次に評価尺度のうち、どこに当てはめるかを判断することになります。ここでは5段階で評価する場合を取り上げますが、重要なことは「評価B」＝「期待通り達成」を社内に徹底することに尽きます。

　評価Bを「そこそこ」と考えている企業が非常に多くありますが、これでは全従業員が「そこそこ」となるため（特に、保有能力を重視した職能資格制度では）、蓋を開けてみれば業績は低迷しているのに、評価をすれば皆評価B以上となり、結果として相対区分考課で振り分けるしかなくなります。

　絶対評価、絶対考課を貫けば多くは評価C以下となるにもかかわらず、相対区分考課のためにB以上が80％（たとえば、S：5％、A：15％、B：60％、C：15％、D：5％の場合）も出てしまうことになります。これは、絶対評価、絶対考課をあきらめているか、あるいは相対区分考課について間違った解釈をしている会社です。

　そもそも経営計画に沿って人件費予算は算出されています。したがって、人件費予算は経営計画の達成が前提となります。このため評価B、つまり役割基準を期待通りに100％達成することを前提に昇給や賞与も一応見込まれていることになります。また、中長期経営計画的にも、評価Aを何度か取ることで昇級する標準者賃金が設定されていることになります。

　ここを理解することが非常に重要です。したがって、業績が低迷し、経営計画通り利益が出ていない会社では、多くの従業員が評価において本来C以下でなければいけないにもかかわらず、相対区分考課のため評価B以上が60〜80％にもなると当然、さらに利益を圧迫することになるのは明白です。賞与については業績連動で原資を決めているなら原資の範囲内ということにはなりますが、賞与についても固定部分を保障しているとか、昇給を定額方式で設定している会社などは人件費が膨張することになるのです。

　厳しい経営環境のなかで絶対評価で評価B以上を獲得した高業績者

が、相対区分考課によってそうでない者と紛れ、かつこの結果によっては昇給が全体として抑えられるようなことになったとしたら、この高業績者の不満は最高潮に達することになることは自明の理です。

	基　準	解　説
S	上位等級として申し分ない	係長が課長不在時に課長の職務を遂行し申し分ない結果を出した
A	余裕を持って基準（目標）に達した	係長が自らの職務（あるいは目標）を余裕を持って達成した
B	基準（目標）を一応達成した	係長が自らの職務（目標）をとにかく達成することができた
C	基準（目標）にやや到達することができない、あるいはできないことが多かった	係長が自らの職務（目標）を達成することができなかった
D	基準（目標）を大幅に達成できなかった。また、損害を与えた	係長が自らの職務（目標）を明らかに達成することができず、また会社に損害を与えてしまった

❷　評価と考課の違いを理解する

　評価とは値踏み、つまり価値付けをすることで、考課とはある決まりに従い序列化していくことです。これを理解したうえで、次の違いを明確に使い分ける必要があります。

（1）　相対評価と絶対評価

　評価には、相対評価と絶対評価があります。
　前者は、ある従業員を他の従業員と比較して評価する方法で、たとえば、他の従業員と比較して、仕事の成績はどうであったかを評価することです。従業員相互の比較のため評価は容易ですが、対象者同士の差が小さくなるほど、評価は当然難しくなります。

後者は、部下の１人ひとりを見つめ、基準に照らし合わせて評価する方法です。誰かと誰かを比較して優劣の議論をするのではなく、部下１人ひとりについて、どこが優れ、どこが問題で、どこを今後伸ばせばよいかを評価していくものです。

(2)　絶対区分考課と相対区分考課

　考課には、絶対区分考課と相対区分考課があります。

　前者は、考課者から回収した考課表を人事部がウェイト計算により算出した総合点数をそのまま使用する方法で、この場合、人事評価点によって考課した結果、全員がＡとか、全員がＤという可能性があります。

　後者は、算出された点数で上から順に並べ、分布規制により総合評価を決めていく方法です。この場合、必ず分布規制に従い、ＳからＤが出ることになります。

　部下を基準に照らし合わせて評価することを「人事評価」といい、その結果を序列化することを「人事考課」ということから、人事評価は評価者（直属の上司）が行い、考課はスタッフ（人事部）が基準に基づき行うことになります。本来、評価者と考課者は別々の概念として捉える必要がありますが、一般的には「人事考課者」とされています。

❸　考課者が具備すべき条件

(1)　良識的で、あまりに自己主張しすぎないこと

　あまり変わったものの見方をしない、極端に物事を捉えない、考えないことです。また、自分の能力の限界を知っており、自分の誤りを率直に認めるなど謙虚であることが重要です。

(2) 事実を分析的に拾い上げ、それらをまとめて特定の特性に当てはめ、抽象化し、価値尺度に当てはめることができること

　人事考課は基本的には被考課者の評価対象である行動、事実を積み上げていきますが、考課者がすべての行動、事実を見ることができているわけではありません。このため、分析的、総合的なものの見方を兼ね備えていることが望まれます。

(3) 人を見る「明」があること

　他の言いなりになっている人や、自分の仕事を中途半端にしておきながら他を助ける人と、自分のことをしっかりしたうえで、異なった立場の人と協調できる人の「協調性」を同一視するようでは困ります。少なくとも、被考課者よりも精神的に成熟していなければなりません。つまり、精神的に深みがあることによって、被考課者のさまざまな自己防衛的な行動から人間の本質的なものを理解できなければなりません。

(4) 人事考課制度および運用に関する知識を十分に備えていること

　正しい考課を実施するためには、すでに述べた精神構造を具備するほか、人事考課制度の実施方法と自己防衛機能など考課の基礎となる人間の行動についての理解が必要です。

4　注意すべき人事評価のエラー

(1) ハロー効果

　何か1つ良いと何もかもが良く見えてしまう、また、何か1つ悪いと

何もかもが悪く見えてしまうといったエラーをいいます。

　部下の印象によって、たとえば「彼は性格が明るく、職場の雰囲気を明るくさせてくれる」、だから「積極性A」などというように部下の持つハローに惑わされて評価が歪んでしまうことをいいます。彼が明るいかどうかというのも、考課者との相性によるかもしれません。

(2)　寛大化傾向

　意図的もしくは無意識に評価を甘くつけてしまい、結果として、SやAのオンパレードになってしまうエラーをいいます。

　これは可愛がっている部下や、好意を抱いている部下などの場合に実際以上に甘く評価をすることをいいます。

(3)　中心化・極端化（分散化）傾向

　評価結果がBに集中したり、極端にSとかDをつけてしまったりするエラーをいいます。

　中心化傾向は、極端な評価を避けたり、当たり障りのないようにと考えたり、評価に自信がなかったりする場合に起こります。

　極端化傾向は、中心化にならないようにあえて評価をバラつかせたり、1つの事実を極端に捉えて評価してしまったりする場合に起こりやすくなります。

　また、考課者が特定の部下と感情的にトラブルがあった場合や、日頃から減点主義で部下を見ている場合は、辛く評価してしまう厳格化傾向が強いと言えます。

(4)　論理的誤差

　考課者が自ら理屈をつくり上げ、飛躍的、短絡的な評価をしてしまうエラーをいいます。被考課者を人物評価する傾向が強い考課者が陥りやすいとされています。

(5)　対比誤差

　役割基準や職能要件といった客観的基準を無視し、その基準を自分に求め、自分と部下を比較し、判断してしまうエラーをいいます。

　たとえば、「彼の年齢の頃、もっと私はこうしていた（できていた）……」とか、周囲は評価しているのに、「私の基準ではまだまだ……」などと考えることで極端に評価をしてしまうことをいい、エリート意識の強い考課者ほど陥りやすいとされています。

(6)　期末効果

　考課時期に近い職務行動の印象が強く残り、それに引きずられ、考課対象期間全体の評価ができないエラーをいいます。これは、考課者が日常業務のなかでの考課に対する関心が薄い場合や、人事考課のための記録を維持していない場合に起こりやすいとされています。

❺　自己防衛

　「考課者が具備すべき条件」（128 ページ）でも述べましたが、考課者が理解しておくべきこととして、被考課者の自己防衛機能があります。これは自我が自分を現実から守るために無意識にとる思考パターンで、精神的破たんを避けるための心の動きであり、これには意識的なもの、無意識的なものがあります。

　自己防衛のパターンには、具体的に次のものがあります。

(1)　反　　発

　他人から自分の欠点や短所を指摘されると、それ以上聞こうとしない。

(2) 攻　　撃

脅威を感じると、反射的に相手に立ち向かうことで自分を守ろうとする。

(3) 合　理　化

できない理由を適当につくって、自分自身を納得させる。

(4) 抑　　制

人前でへまをしでかさないように、自分の言動を抑制する。

(5) 転　　射

自分の無能力ぶりを隠すため、自分より能力の劣る人について強調する。

(6) 逃　　避

自分の欠点や短所を意識させられるような場所には行きたがらない。

(7) 転　　換

心理的な脅威を、病気などに転換することによって、自分を守ろうとする。

人事考課が観察された行動に基づいて実施されるものである限り、このような人間行動の力学を理解しておくことは、人間行動の真の意味を理解するのに役立つはずです。

⑥ 多面評価の目的とその前提条件

(1) 多面評価とは

　一方向からの評価では被考課者の一部しか見ることができないため、評価が偏る可能性があります。多面評価とは、なるべく多くの角度から評価を受け入れることで、より公平な評価に近づけようとするものです。

　このような多角的な評価を通じて被考課者が客観的に自己を振り返ることは今後の行動改善や育成の一助になりますし、同時に、考課者、被考課者の両者にとっても、仕事や仕事上の人的連携について再考するきっかけができるというメリットが期待できます。

(2) 多面評価が成り立つ前提条件

　多くの考課者による合議的な評定が、無条件に正しいものとは到底言えるものではありません。誰もが被考課者の一部を見ているだけですし、一致して間違った評定を下さないとは限りません。合議的な評定は、対象となっている従業員を評定する資格のある者が、十分な知識をもって評定した場合にだけ成立するのです。

　人事評価に自信がある管理職、監督者がどれほどいるでしょうか？また、信頼関係が構築されていない職場の人間関係のなかで、互いに事実を確認することができるのでしょうか？

　その結果、どうなるかと言うと、ニコポン主義（まあまあ主義）上司と上役に気を遣う部下ができるなど、なんとも呆れた結果が生じることになります。これは会社側の自爆を意味します。

　多面評価は、相当に成熟度の高い組織、率直に意見を交わすことができる自律した従業員の組織においてのみ成り立ちます。理想と現実は違うのです。組織を組織たらしめるものとするには、経営者をはじめ管理職の自覚と能力向上が先であり、この努力なくして評価はあり得ないの

です。

　人事評価は、「ありたい姿」の実現のために経営者から最も重要とも言える権限を委譲されたものであるため、評価を通して管理監督者としての責任を果たす必要があります。この意味で、部下を評価する自信がなく、評価することの恐怖に怯える者は、すぐにでも管理職から外されるか自ら辞退すべきでしょう。

　会社で最も重要である人的資源を測定、評価し、育成する最高の権限を受けているものと自覚するならば、これを中途半端にし、または放棄している可能性のある評価方法について、民主的で公正と言い、綺麗事として格好だけですませるようなことは慎むべきです。

5 人事考課表の構成内容

① 業績評価

　業績評価は、できる限り目標（課業）別の遂行度評価とします。

② 役割行動能力評価

(1) 役割行動能力評価Ⅰ

　目標を達成するために職務をいかに遂行すべきかなど認知、分析、概念化、指向性に関するスキルおよびその根拠となる知識・技能から構成されるジョブ・スキル

(2) 役割行動能力評価Ⅱ

　ジョブ・スキルを起こす要因となる考慮、願望、感情の自己コントロールや価値観などから構成されるセルフコントロール・スキル

③ 分析欄および能力開発欄（具体的事実欄）

(1) 分 析 欄

　役割行動能力別評価欄の客観性を高めるため、各役割行動能力に対し

て具体的に最低でも2～3の短文（行動）が用意され、これをチェックする形式（着眼点形式）です。

(2)　能力開発欄

今後の能力開発プラン（研修、OJT、自己啓発など）を記入します。

(3)　具体的事実欄

考課にあたって考慮した具体的事実（記録）を記入します。

4　総合考課欄および総合所見欄

(1)　総合考課欄

一次考課、二次考課、三次考課および多面考課者が評価を記入します。

(2)　総合所見欄

自由記載欄として、本人について人事部門にぜひ知ってもらいたいと思うコメントを記入します。

6 管理職の人事考課表

　管理職は部下を使って自己の担当する組織の機能を働かせ、業績を達成することを本務とします。このため、経営側に立ってその最高方針に従って担当する組織の機能を遂行するために、①業務を計画し、②組織化を図り、③部下を管理・指導し、④必要な調整を行い、⑤統制します。これらは「管理の5機能」と言われ、管理職の人事考課表については、考課要素である業績のなかでこれら5機能が果たせているかどうかを判定することになります。

　役割基準書および人事考課表の作成のため管理職の職務調査を行うと、多くの場合そのなかに非管理業務が含まれており、これを評価すべきかどうかで混乱している会社がありますが、あくまでも管理職の本来の機能においての評価とすべきであり、役割基準書および人事考課表からは除くべきです。

　なお、管理職については、「イノベーション」をもその本務として期待されています。そしてそのイノベーションは、期初に目標管理制度において設定された目標の達成によって自ずと引き起こされるべきものと言えるのです。

●管理職役割基準書●

管理職役割基準書

部門名		職 位	

《記入上の注意点》
　職務調査表の「業務名」と「具体的課業内容」をみて、業務目的別に振り分け、転記をしてください。その際、具体的課業内容が、その業務を遂行する際に起こる問題を踏まえて、これが解決できるような行動となっているかを確認してください。

業務目的	単位業務名	SMCO区分	具体的課業内容
計　画 （予　測）			
組織化			
指　揮			
調　整			
統　制			

※業務目的の定義
計　画：短期・長期の精度の高い予測を立て計画を立案すること
組織化：計画が能率的に準備され遂行されるように経営資源を構築すること
指　揮：部下を目標に向かって効果的、能率的に行動させること
調　整：部門間のヨコの関係および諸部門の活動を全体的目的に関連させる全体と部門の間の関係を統
　　　　一、調和させること
統　制：上記の目的が適切に遂行されているかどうかをチェック（測定）し、修正すること

● 管理職人事考課表 例 1 ●

第　　　　期　人事考課表

平成　年　月　日

部　署　：
考課対象者　：

一次考課者　：
二次考課者　：

課対象者 ：

課分	考課要素	着眼点	自己評価	一次評価	二次評価	ウェイト	決定	一次考課者コメント	インタビュー記録
業績考課	目標達成度		5・4・3・2・1	5・4・3・2・1	5・4・3・2・1				
	業績（質）		5・4・3・2・1	5・4・3・2・1	5・4・3・2・1				
	業績（量）		5・4・3・2・1	5・4・3・2・1	5・4・3・2・1				
	人事管理		5・4・3・2・1	5・4・3・2・1	5・4・3・2・1				
業務管理	計画（予測）		5・4・3・2・1	5・4・3・2・1	5・4・3・2・1				
	組織化		5・4・3・2・1	5・4・3・2・1	5・4・3・2・1				
	指　揮		5・4・3・2・1	5・4・3・2・1	5・4・3・2・1				
	調　整		5・4・3・2・1	5・4・3・2・1	5・4・3・2・1				
	統　制		5・4・3・2・1	5・4・3・2・1	5・4・3・2・1				
情意考課	企業意識（経営意識）		5・4・3・2・1	5・4・3・2・1	5・4・3・2・1			二次考課者コメント	
				評価点合計		100			評語　S・A・B・C・D

管理職　第（　）期　人事考課表

区分	考課要素	着眼点	自己評価	一次評価	二次評価	ウェイト	決定	一次考課者コメント	インタビュー記録
業績	業績（質） 目標達成度	部門の成果は経営戦略や全社目標に貢献したか マーケットや環境の変化に対する情報収集と対応は的確であったか 部門の顧客満足・サービス品質に関する方針を明確に提示し、具体的に展開したか （情報・ノウハウ・知識等の共有） 経験・ノウハウ・知識等の成果を部門内・部門間で共有する場を設けたか （新商品開発の強化） 収益性や成長性の高いマーケットや顧客の開拓に関する戦略や構想を推進したか	5-4-3-2-1 5-4-3-2-1	5-4-3-2-1	5-4-3-2-1				
	業績（量）	部門の成長が会社の成長の十分な水準に達したか マーケットや顧客の開拓で次期以降の安定的な成長を確保したか 重点事業分野でのマーケットシェアの拡大したか 全社収益性、キャッシュ・フローの改善に貢献したか 部門経費のコストダウンが図られたか	5-4-3-2-1	5-4-3-2-1	5-4-3-2-1				
	人事管理 （人材の育成） （組織マネジメント能力の強化）	個人の能力・適性を的確に把握し、育成計画に適正に反映しているか 人材育成の視点を持って案件の分担やチーム編成を行っているか 個人の成長度、課題や可能性に応じた育成・指導方法を採っているか 部門の人材の評価は事実や行動を元にした公正・公平なものか 部門目標や目標管理をコミュニケーションの機会として活用しているか 部門目標をミーティング・掲示等の工夫により、具体的なカタチにして伝えているか 部門会議等でチーム員の成果や貢献が見える場を設けているか 競合他社に関する情報収集を勝つための対応策は的確・迅速だったか 消費者保護を含めたサービスの品質維持の計画を実施したか 企業全体の観点から部門リスク管理方針をもって実施していたか	5-4-3-2-1	5-4-3-2-1	5-4-3-2-1			一次考課者コメント	
情意	企業意識	企業の究極的な強みの源泉として中長期目標を追求してきたか リーダーとして活動の指針となるタイムリーでチャレンジングな経営課題を提示したか 自ら困難な経営課題の解決に臨み、リーダーシップを発揮しているか 先駆的な顧客、業界プレーヤー、公的部門、識者とのパイプを開拓しているか 自らの企業倫理の維持に心掛けているか	5-4-3-2-1	5-4-3-2-1	5-4-3-2-1				
		評価点合計				100		評語	S・A・B・C・D

7 ギルフォードによる考課者の特性

　アメリカの心理学者ギルフォードは、考課者の特性についてなされた多くの研究者の提案を次のようにまとめています。

1）他人を判定する能力は人によって異なるもので、一般的な判定能力というようなものはない（Hollingworth、Wells）。

2）評定が一致しないのは、被評定者を異なった事態において観察することによるものである（Remmers、Plice Arllet、Dowd、webb）。

3）同じ評定者による2回の評定の方が、ただ1回の評定よりも妥当なものになるということはない（Slawson）。これに対する理由は明らかであって、それは評定者が同じ恒常誤差を第2回目にも繰り返すから、2つの評定の平均は1回の判断が真実から離れるとちょうど同じだけ、真実から離れるということである。

4）評定者が評定することに興味をもっていれば、そうでない場合よりずっとよい評定をする（Conrad）。

5）評定者は、評定の際じゅうぶんな時間をもたなければならない（Conrad）。

6）評定者が、被評定者と類似した教育的および職業的背景をもっていれば、そうではない場合よりも適切な評定をする（Conrad）。

7）どの評定者についても、特定の特性を評定する能力を確かめなければならない（Conrad）。それには、ひとりひとりの評定者の評定値と、他の評定者による評定値をこみにしたものとの相関をみればよい。それがその検定法として認められるものである。

8）自己を判定することがよくできる者は、他人を判定することのよくできるものよりも、いっそう英知があり、いっそう観察力がある（Adams）。

9）自己を判定することのよくできる者は、他人を判定することの

よくできる者よりも、いっそう楽しく、怒ることが少なく、いっそう思いやりがあって寛大であり、いっそう勇気がある者である（Adams）。

10）よい評定者が、必ずしも自己矛盾のない者ではない（Hollingworth）。また、自己矛盾のない評定者が、必ずしもよい評定者ではない（Slawson）。

11）ある賞賛すべき特性については、それを所有することと、それを判定する能力との間に正の相関がある。のぞましくない特性については、この逆が成り立つ（Hollingworth）。

12）ある特性に関しては、自分自身をもっともよく知る者が、やはり他人を判定することのいっそうよくできる者である（Hollingworth）。

13）評定者が、能力の分布と尺度の性質とかについてよく知らされ、また、ハロー効果・中心化傾向・寛大化傾向・偏見・論理的誤差のごとき誤差に陥らないように用心すべきことを知らされ、注意深く訓練されれば、そうでない場合よりよい評定をする。

14）評定者は、自分自身の集団の中で順位づけるほうが、他人を順位づけるよりも正確でない傾向がある（Shen）。これは主として、評定者の組織だった誤差によるものである。

15）評定者は、たいていの特性について、自分自身を過大評価し、ある少数の特性について自分自身を過小評価する傾向がある（Shen）。

16）評定者は、のぞましい特性について、自分自身を過大評価するとはかぎらない（Shen）。

17）すべての特性について自分自身を過大評価する者も、全ての特性について自分自身を過小評価する者もいる（Shen）。

18）男性のほうが、女性よりも寛大な評定をする（Hart、Olander）。

19）評定者は、同僚・仲間の学生・仲間の教師などを評定するときは、仲間でない者を評定するときより、いっそう高く評定する（Cattell、Remmers、Plice）。

20）自己評定は、のぞましい特性については高すぎ、のぞましくない特性については低すぎる（Hollingworth、Shen、Tschechtelin）。

21) 異性よりも同性の者を過大に評定する傾向がある（Kinder）。

22) 自己評定の際に、すぐれた人は自分自身を過小評価し、劣った者は自分自身を過大評価する。後者の誤差の方が大きい（Hoffman）。

23) 両親は概してその子供を過大に評定するが、しかし、非常にすぐれている子供を過小評価することがある。

24) 評定される人たちによって、直接、個人的に選ばれた評定者たちは、被評定者が自分を評定するよりも高く、被評定者を評定する傾向がある（Uhrbrock）。

25) 評定者の確信がある程度重要である。彼が非常に確かだと考える判断は、普通の評定よりいっそう信頼することができる（Cady）。

26) 評定がどういう目的のために利用されるかを評定者が知っていることは、その評定に影響する。この誤差を避けるためには、その評定が何のために利用されるかを知らない評定者から、できれば、それを利用することが必要になる事態が起こる前に、求められねばならない（Paterson）。

27) 評定者が異なると、同一の特性を判断する場合に用いる基準が異なる。したがって、ときとしては、評定者にどういう根拠にもとづいて、その判断がなされたかを述べてもらうことがのぞましい。

28) 評定者が評定の結果を被評定者に示さなければならない場合には、寛大性の部分はいっそう大きくなる。Stockford および Bissell は、この条件のもとで平均が 60 から 84 に変化することを見いだした。

29) 寛大化の誤差は、数値尺度にもとづいてなされる評定よりも、記述尺度にもとづいてなされる評定のほうに少ない（Stockford、Bissell）。

30) 知り合った期間が長いと、相当程度の寛大性の誤差がはいるようになる。Stockford および Bissell は、従業員と知り合った期間の長さが、人格の好ましさに対する評定値と、0.64 の相関があることを見出した。また、いくつかの特性に関して、その尺度が数値的である場合には、相関が平均して 0.65 程度になり、尺度が記述的である場合には、相関が 0.42 程度になるということも見出した。

31）知り合った期間の長さが評定におよぼす影響は、評定者のIQ
と負の相関になる。一般的にはその相関は−0.46で、訓練された
評定者群では−0.68、訓練されない評定者群では−0.30であった
（Stockford、Bissell）。

32）訓練が、知り合った期間の長さの影響を小さくする。期間の
長さの変数と評定値との平均相関は、訓練された評定者群では
0.32で、訓練されない群では0.48であった（Stockfordおよび
Bissell）。両者を合わせると0.31であったが、IQの高い者におけ
るほうが、訓練によって知り合った期間の影響を小さくしうるよう
に見えた。

33）評定者の知能が、評定値の信頼性に関係がある。IQは信頼度係
数（再評定による）と0.33の相関があり、訓練された評定者群で
は0.52、訓練されない評定者群では0.20であった（Stockford、
Bissell）。

8 人事考課者訓練プログラムの内容と留意点

　これまで述べたような資格を備えた考課者は、選ばれる者というよりは、つくり上げられる者なのです。人事考課を成功させるポイントは、これを導入する前の注意深い訓練であり、その後に続けられるべきフォロー訓練です。この訓練をすることによって、はじめて評価能力を高めることができるのです。

　グループ討議を多く取り入れることで、考課者同士の食い違いや誤解などについて話し合い、自身の評価の妥当性について相互に確認することができる、評価エラーの理解の促進とこれによるエラーの減少が期待できるなど、自分勝手な評価が少なくなり、考課者の目線が揃うことになります。

　また、ロールプレイングをすることにより、被考課者の視点に立つことで、慎重に評価することやフィードバックすることの難しさと大切さに気づくことができます。

　考課者訓練の基本的なプログラムは、次の通りです。まずは、自社の人事考課制度の内容を確認したうえで、考課の仕方を実践的なケースで実際にやらせてみて、批判、検討しながら理解を深めてもらうのが一番良い方法です。

時　　間	内　　容
9：00	1．人事制度を取り巻く環境 　※場合によっては、「管理とは」「リーダーシップとは」 2．自社の人事考課制度の理解（人事諸制度の説明） 3．人事考課者訓練 　(1) 人事考課のねらい
12：00	(2) 人事考課の進め方（制度要綱を中心に） 　(3) 考課要素の理解【個人ワーク】【グループワーク】【発表】

13：00	(4) ケーススタディ 【個人ワーク】 【グループワーク】 【発表】
16：00	(5) 質疑応答 (6) フィード・バック 【個人ワーク】【グループワーク】 【発表ロールプレイング】 4．全体のまとめ

人事考課者訓練ケースづくりのねらいと作成方法

　人事考課者訓練については、考課者全員が理解できるケースを社内で独自に制作することをお勧めします。自社の実態とかけ離れたケースでは、他人事と思える場面も多くあることから、浅い理解で終わってしまうからです。

　自社の経営課題を踏まえたケースの作成要領は、以下の通りです。

① 　従業員にインタビューをして、具体的に顧客からの苦情や部門間、部門内で起きている問題を整理しておく。また、これまでに良い結果をもたらした際の行動と悪い結果を招いてしまった際の行動についても整理しておく

② 　「あるべき姿のプロセス展開表」では、すでに期待される行動が明確になっており、これを評価B以上の行動として確認しておく

③ 　全体のストーリーをイメージする。その際、身近な者の性格・能力を念頭に登場人物を決め、上記①で整理している問題・課題ごとの出来事をそれぞれ箇条書きする（登場人物は多くて5名程度、3部門程度）

④ 　訓練のため、人事評価エラーが起こるような出来事を考える。たとえば、仕事外（社員旅行や宴会など）でのトラブルについて物語をつくる

⑤ 　セルフコントロール・スキルなど、最低限しなければならないが想定する組織においてできていないこと（たとえば報連相や身だしなみなど）で起こるトラブルについて物語をつくる

⑥ 　ルールを曖昧にしていてトラブルになっている事柄があれば、問題提起となるよう物語をつくり、考課者訓練を通して整理できるようにする

⑦ 　期間としてはあまり長く捉える必要はない。人事考課対象期間は

半期あるいは通期であるが、人事考課者訓練の目的は、評価対象行動を取り上げられるか（事実の選択）の訓練と考課者の目線を揃えることにあるので、期間を短くし、ケースをコンパクトにするほうがよい

⑧　評価対象行動（行動事実）の再現性やその行動がどういう結果につながっているかに注意し、物語を作成する

⑨　できる限り会話も入れ、臨場感溢れるものにする。ただ、ユーモアは必要だが、情緒的なものにならないように注意する

⑩　ケーススタディは30分の個人ワークの後、1時間ほどかけてグループワークを行うことから、A4（1,200文字）で5〜6枚程度が適当である

10 人事考課制度と他の人事諸制度との関係

1 人事考課と配置・昇進（級）

　考課結果によって、将来的に充員が予想されている職務に就くのに必要な人的条件を満たしているかを判定します。

　一般的に、上位の職務に昇進（級）する場合は、直近あるいは直近2年の総合評価がAであることなどを条件とし、上位職務の能力があると認められ、試験、審査によって配置されることになります。

　あるいは下表のように、業績だけでなく一部のスキル、たとえば指導力の評価がAであることを条件とする場合などもあります。

企画職等級	標　準		最　短		審　査
	累積考課ポイント	対象期間	累積考課ポイント	対象期間	昇格必須要件 （直近考課結果）
M2級→M1級	2ポイント以上	6年	3ポイント以上	4年	業績：A以上
L1級→M2級	1ポイント以上	5年	2ポイント以上	3年	指導力・業績：A以上
L2級→L1級	0ポイント以上	4年	2ポイント以上	2年	業績：A以上
J1級→L1級	0ポイント以上	3年	2ポイント以上	2年	企画・業績：A以上
J2級→J1級	0ポイント以上	2年	1ポイント以上	1年	責任性・協調性：A以上

評　語	S	A	B	C	D
ポイント	2	1	0	−1	−2

降格パターン	ポイント基準	対象期間	審　査
M1級→M2級	−2ポイント以下	3年	面接
M2級→M3級	−2ポイント以下	3年	面接
M3級→L1級	−2ポイント以下	3年	面接

このためにも、過去の人事考課結果などの人事情報が累積的に調べられる管理システムがあることはもちろんですが、計画的に上位等級（職務）の目標を設定させる、プロジェクト活動や代理として実際に上位職務の業務を任せるなどして、その際の言動を観察し、評価する方法をとることが重要となってきます。

2 人事考課と昇給・賞与

　昇給には、自動昇給と評定昇給があり、前者は年齢あるいは勤続年数に応じて自動的に昇給させていくもので、後者は人事考課の結果に応じて昇給させていくものです。

●企画職能力給昇給基準表●

（単位：円）

等　　級	S	A	B	C	D
P 1	3,600	3,300	3,000	2,700	2,400
P 2	3,000	2,750	2,500	2,250	2,000
P 3	2,400	2,200	2,000	1,800	1,600
P 4	1,800	1,650	1,500	1,350	1,200

　役割（職務）給の場合、職務評価によって役割等級ごとに賃金は決まっており、人事考課によって職務の遂行度合いを課業ごとに判定します。

●企画監督職役割給表●

（単位：円）

等　　級	S	A	B	C	D
PL 1	220,000	210,000	200,000	190,000	180,000
PL 2	190,000	185,000	180,000	175,000	170,000

　賞与については、会社の業績に応じて決めた賞与原資を、部門の業績貢献度によって割り振ったうえで、各従業員があげた業績を中心とする

貢献度を人事考課によって判定します。

人事考課と能力開発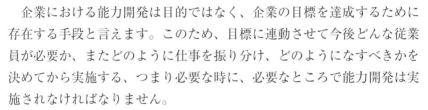

　企業における能力開発は目的ではなく、企業の目標を達成するために存在する手段と言えます。このため、目標に連動させて今後どんな従業員が必要か、またどのように仕事を振り分け、どのようになすべきかを決めてから実施する、つまり必要な時に、必要なところで能力開発は実施されなければなりません。

　そこで、今後の能力開発の必要性を発見するため、アセスメント的に人事考課を活用することになります。ただ、人事考課は過去に顕在化した実績・能力を判定することであり、未だ顕在化していない保有能力についても評価することになるため、執務基準（標準作業書など）を整備したうえで、上位の仕事を遂行する能力について、どの能力がどれくらい不足しているかを判定します。また、アセスメントによって導き出された能力不足については、原因も明らかにしておき、今後、効果的な能力開発（訓練）を導き出せるようにしておくことが重要となります。

11 異動などがあった場合の 人事考課制度の運用方法

人事考課期間途中に異動があった場合の制度の一般的な運用については、以下の通りです。

1. 考課者が異動した場合

職能資格制度を採用している場合において、考課者が異動したときには、新所属部署における勤務期間が発令日から起算して考課対象期間の2分の1に満たない場合は、前任者が評価を行います。また、役割等給制度における、セルフコントロール・スキルについては同様です。

2. 被考課者が異動した場合

被考課者が異動した場合、新所属部署における勤務期間が発令日から起算して考課対象期間の2分の1に満たない場合は、旧所属において評価を行います。

3. 制度による運用の違い

なお、職能資格制度においては、情意考課は半年間、能力考課は1年間、慎重に時間をかけて、考課期間が終了する時点での能力を分析・評価することとなっています。これは、能力の連続性を根拠としていますが、潜在能力を評価することの危うさについてはすでに述べましたように（44～45ページ参照）、見えない能力を、基準をあいまいにしたまま業績（結果）と切り離して評価しようとしていることに無理がありま

す。役割（職務）とその成果を評価の対象とする役割等級人事制度であれば、業績管理指標が設定されているため、考課要素と評価対象期間等の事務手続とを分けて考える必要性はなくなります。

12 人事考課結果の 検討と調整

1. 人事考課結果の検討

　人事考課結果の信頼性が高まるまでは特に言えることですが、人事考課結果について最終的には部門別、考課者別、考課要素別に集計を行い、甘辛をチェックしておく必要があります。

　考課者がルールに従って絶対評価ができるならば考課結果の検討や調整作業は必要ありません。しかし、現実問題として、役割等級制度でも先行指標での管理は完璧ではないため、考課結果の甘辛は起こってしまいます。

　この原因には、考課者がいつ評価を行っても同じ結果が得られるかという「恒常性」と、誰が評価しても同じ結果が得られるかという「客観性」の２つの側面があり、これらのうちどちらで甘辛が発生しているのかを判断する必要がありますが、いずれにしても考課要素の内容や基準をよく理解するしかありませんし、このために人事考課者訓練をすることと、事実に基づいて評価する習慣を身につけてもらうことしか方法はありません。

　よく考課結果の甘辛について、人事部がやるべきことをやらず、「おたくの部門は全体的に辛いですけど（あるいは甘いですけど）」などと言って現場のこともわからずに調整に乗り出しているような会社がありますが、このような調整から考課結果の妥当性を得られようもありません。また、考課者訓練を何度行っても、理解しようとせず是正しない考課者については、その資格を疑うべきでしょう。

② 人事考課結果の調整

　基本的には、調整することがないように基準を明確にし、考課者訓練を行うことが前提ですが、各考課者の評価分布の広がりに有意な差が見出せる場合には、標準得点に直すことで、結果の調整は可能です。

　このほか調整する方法として、各考課者の評価分布の広がりに有意な差が見出せない場合に、各評点にその評点とその考課者の下した評点の平均の差を加除する方法や、異なった考課者によって評定された個人を1対ずつ比較する（全員する必要はない）ことによって甘辛を調整する方法もあります。しかし、調整しなければならなかった根本的な原因を特定することのほうが重要です。

③ 考課系列間の調整

　考課は、部長—課長—係長と垂直的に実施されます。一般的に、1次考課者は考課要素の定義、着眼点をもとに考課を行います。また、配置や教育についての所見を記入し、2次考課者は1次考課者の考課の不備な部分の修正や、部内の不均衡の調整を行います。

　しかし、被考課者の実態を最も知っている直接監督者である1次考課者が最良の考課者であることは間違いなく、間接監督者が関与し、修正することによって正しい考課からは離れていくことになります。

　2次考課者の役割はむしろ、別のグループあるいは部門との比較において基準的な職務を選び出し、これらの従業員の考課をすることで、1次考課や2次考課の確認または部門間調整の有無を判断することです。

13　組織的公正についての理解

　組織的公正とは、どのような時に、従業員は公平に、あるいは正当に扱われていると感じるのかという問題をいい、言い換えれば従業員が組織に公正に扱われていると感じているかどうかということです。

　組織的公正については、次の分配的公正と手続的公正の2つの概念が提起されてきました。

分配的公正

　分配的公正とは、受け取った報酬の総量に関して知覚された結果の公正性をいいます。つまり、従業員が、組織から与えられる待遇や賃金をどの程度適切と感じることができるかという結果志向の公正理論です。

　分配的公正には、「自分のアウトカム／自分のインプット」と「他人のアウトカム／他人のインプット」との比較で、結果が等しいときに衡平を知覚するという、分配結果を受けた被分配者の主観的観点から公正であるという衡平理論があります。

　従業員は業績評価を仕事の出来栄えと対応すると思うため、それ自体が従業員にとって重要な報酬です。つまり、最終結果としての業績評価自体が報酬としての価値を持ち、被考課者の分配的公正の知覚を決定するとされています。

❷ 手続的公正

　手続的公正とは、評価や処遇を決める手続きに関して知覚された公正性をいいます。つまり、従業員が、結果を生み出す社内の規則や基準、手続きに対してどの程度信頼できると感じているかということになります。これに関しては、評価手続の問題、特に評価プロセスへの参加が重要となります。

　手続的公正の知覚は、「代表者選抜」「基盤ルールの設定」「情報収集」「意思決定の構造」「アピール」「監督」「手続きの変更」という手続きの7つの構成要素と、「一貫性」「偏見性の抑制」「情報の正確さ」「修正可能性」「代表性」「倫理性」という6つの判断基準によってなされます。

　なお、分配的公正を達成するためには、手続きの公正あるいは対人関係の要件（中立性、信頼、地位）における公正を重視する必要があります。

　もう1点、人事考課では、より正確に評価するという手続的、技術的な側面に注目しがちですが、分配的公正であれ手続的公正であれ、経営理念や戦略を明示し、これに沿って組織横断的に評価基準に落とし込むことが必要です。

　すでに述べた役割等級人事制度の構築方法は、プロセス展開表の作成過程において、経営理念および戦略の浸透をすべて網羅したものとなっています。

第6章

目標管理制度の運用
～実践編～

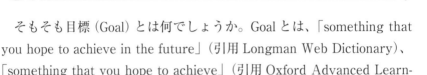

1 目標とその要件

1. 目標とは

　そもそも目標（Goal）とは何でしょうか。Goal とは、「something that you hope to achieve in the future」（引用 Longman Web Dictionary）、「something that you hope to achieve」（引用 Oxford Advanced Learner's Dictionary）で、将来において頑張れば達成する可能性があることです。

　つまり、企業が掲げている経営目標は簡単には達成できないものということになります。長期的に企業の「ありたい姿」を年度に分けて設定する単年度目標も同じです。このため、設定する目標の実現可能性が五分五分であるということは当然のこととなります（場合によっては、五分五分以上に厳しい目標を設定しなければならない状況にあるかもしれません）。

　したがって、この目標を目指し、達成すること＝人事評価B（期待通り達成）は、相当に難しいことになります（126ページ参照）。

　職能資格制度を導入している企業において、等級基準に照らし合わせてその目標について「上、下、相当」と難易度を設定していることが多くあります。そもそも目標とは何かを考えれば、これが間違った運用だとわかっていただけるのではないでしょうか。

　また、定型的な業務目標を立てているケースも見受けられますが、これについても、できて当たり前のことを期待通り達成＝評価Bとするのは、人事評価を間違ったものにし、目標を見失いかねないことに注意しなければなりません。

　これに対して、「異動した際に、慣れるまでは目標として設定しなく

てもよいのでは」（会社によっては、異動後半年は評価をしないとしているところもあります）という話もよく聞きますが、これは目標の定義とは異なる次元の問題で、教育訓練を行って早く基準のレベルまでできるようにすればよいという問題であり、この場合の評価は実施する必要がないとも判断できます。

　昇進したばかりであるとか、異職種への異動のため能力が相当に不足していて、異動後は該当する等級が求めるパフォーマンスに達しない場合が多いなど、さまざまなケースが想定されるものの、各企業において「目標とは何か」を徹底して追及したうえでの結果を導き出すことで、納得した運用がなされるのではないでしょうか。

② 短期目標と長期目標

　目標による管理のアプローチは、原則として、短期目標を取り上げます。というのは、短期目標こそ、それぞれの管理者が通常1年間の目標期間中に達成しなければならない目標だからです。しかしながら、この短期目標も、長期目標と矛盾しないようにつくらなければなりません。

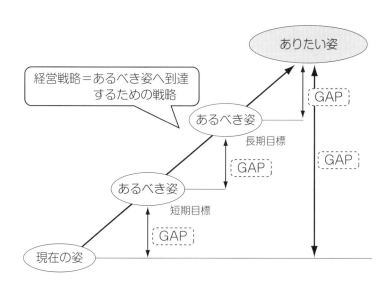

たとえば、近視眼的な工場長が、何パーセントかの原価引下げを必要
とするような年間目標を設定したとします。彼は、設備保全に必要な費
用や設備投資を切り詰めることによって、これを実行するかもしれませ
ん。しかしながら、こうすることによって短期目標を達成できたとして
も、将来において、設備トラブルによるコストが異常に高まることにな
るかもしれないのです。これでは目標を達成したとは言えません。つま
り、短期目標を長期目標に関連づけなかったという過失を犯しており、
企業の長期的な発展を妨げてしまうことになるのです。

③ 目標を有効なものとするには

(1) 個別的、現実的な目標であること

　最も重要なことは、目標は個別的なものでなければならないというこ
とです。すなわち、達成すべきものは何か、いつそれを完遂しなければ
ならないのかといったことを明確に示したものでなければなりません。
　また、できる限り、それを定量的に示すことが必要です。たとえば、
金額・売上数量・投資額に対する利益率・生産数量といった形で明確に
示さなければなりません。例をあげてみましょう。
　〈悪い例〉　20＊＊年に売上げを伸ばすこと
　〈良い例〉　20＊＊年に関西地区で、販路拡張により５％は売上げを伸
　　　　　　　ばすこと
　もし定量的に示すことが不可能な場合は、定性的な指標を用いなけれ
ばなりませんが、その場合でも、期待する結果を漠然と一般的に述べる
ことのないように注意しなければなりません。
　〈悪い例〉　20＊＊年度に画像編集作業者の質的水準をあげること
　〈良い例〉　20＊＊年度に画像編集で難度Ａ以上原稿を標準時間ででき
　　　　　　　る作業者数、難度Ｂ標準原稿を標準時間でできる作業者数を
　　　　　　　３倍にすること
　また、目標は達成可能なものでなければなりません。すでに述べたと

おり、あまり簡単に達成できるような目標は、目標とは言えません。逆に、過大な目標や長期的な効果をねらったためにその達成が難しくなるような目標も、管理者に不信感を抱かせることになります。

たとえば、投資額に対する利益率の過去10年間における傾向が、毎年1％ないし4％の上昇率のような時に、10％の上昇といったことを年度目標として設定することは、よほど寛容な条件でもない限り問題をはらむことになるため、やめたほうがよいということになります。もっと現実的な目標を設定すべきです。

また、目標というものは、その管理者の経験と能力に見合うものでなければならないことは言うまでもありません。

たとえば、昇進したばかりの課長の目標が、仕事に慣れている課長に要求している努力と同程度の努力では決して達成できないようなものであったとしたら、昇進者をあきらめさせてしまい啓発できないばかりか、将来大成するのを妨害することにもなりかねません。この解決策としては、課長に設定する最初の目標をある程度のものにとどめ、実践を積み、能力がつけば、これに合わせて次第に目標を高めていくということです。

しかし、昨今の厳しい時代、時間的余裕がないので、早期に能力を習得できるような環境および教育訓練を十分に整えておく必要があります。そうしなければ、職務としては明らかに自分の能力を超えた目標を達成しなければならないことから、事態は極めて深刻となり、結局、彼をその職から追い払うことになってしまうのです。

(2) 権限に見合った目標であり、他の目標とも合致した目標であること

管理者の目標は、その人に委譲されている権限に見合ったものでなければなりません。達成しようと思っても権限を行使できないような目標を与えることは、それ自体無効であり、無理にそれを達成しようとすれば、管理者間の紛争を招くことになるでしょう。

たとえば、不合格品の数を5％減らすという職務があったとします。

これを品質管理課長の目標としているケースがよく見受けられますが、これは普通、品質管理の責任範囲を超えたものであると言えます。したがって、このような目標は生産課長に与え、品質管理課長にそれを援助させるほうが現実的なのです。

　また、各階層のそれぞれの管理者の目標は、他のすべての管理者の目標と合致し、また、企業の全体目標とも合致していなければなりません。これと合致しない目標や、ただ管理者をいつも多忙にしておくために設定するような目標は、たとえどんなものであっても目標による管理にはそぐわないのです。

　たとえば、営業部長の主目標が売上げを５％伸ばすことであれば、その配下にいる各地区の営業管理者の主目標も、全体として５％の売上増を達成するために、売上げを伸ばせる余地がある地区、すでに成熟していて競争が激しい地区など各地域の特徴や各地区営業能力も確認したうえ、各人が何％の増加を実現しなければならないかを勘案したものでなければなりません。これは「共有目標」と言われるものですが、個々の役割が従業員の能力に応じ、配分されたものである場合に限り成り立つ目標設定の仕方であり、これができる企業は現実的には非常に少ないでしょう。

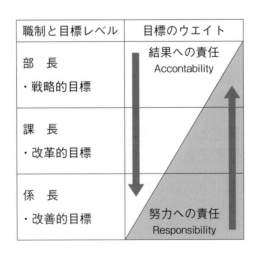

第６章　目標管理制度の運用　〜実践編〜

(3) 真に重要な目標であること

目標は測定しやすいものであることが基本ですが、だからといって、重要でない目標を設定してはなりません。

このため、目標を次のような視点から客観的に検討してみることが必要です。

① その仕事は必要なものか

② それは同期の他のあらゆる目標と合致しているか

また、目標というものは、最大の見返りを生み出すような活動に絞られなければなりません。あまり重要でない目標については、重点目標のなかに含めて一緒に取り扱うことで達成できるようにします。

最後に、目標は、それを実行し、またその進行を定期的にチェックするために真剣な配慮を払わなければならないような言葉で表現する必要があることを忘れてはなりません。

（例） 環境工学研究員の採用費を、1人当たり10％切り下げること。ただし、質の低下を招いてはならない。

2 目標管理の対象者

　ドラッカーは、目標管理の最大の利点を「支配によるマネジメントを自己管理によるマネジメントに代えることを可能にするところにある」と言っているように、経営管理者が自らの仕事を管理すること（自己管理）を前提としています。つまり、目標管理は自己統制（セルフコントロール）しなければならない経営管理者の組織運営のための自分自身のツールなのです。また、この目標は企業の将来を方向づけするものでもあります。

　問題は、組織のどの範囲まで権限委譲を行い、自由裁量の余地を与え、部下自身に自己統制をさせるかということになります。管理（マネジメント）を広く解釈し、一般職層の従業員1人ひとりに「自分で目標をつくり、自分で遂行し、結果を出し、自己評価し、行動や目標を見直す」という自己統制を求めていくという考え方もありますが、これはすでに述べたようにあまりにもマグレガーのY理論的人間観に立脚しており、非現実的と言わざるを得ません。

　つまり、会社の目標は上から決まるものであり、下から決まるものではありませんし、また、会社が何を目指し、どこに向かおうとしているのか、そして何を期待しているのかを従業員がどれだけ認識し、仕事をしているかは甚だ疑問があります。したがって、一般職層の従業員にまで範囲を広げて自己統制を求める運用は不可能です。これは「目標による管理」および「自己統制」の定義からみても無理があります。

　また、定型業務、環境変化を受けにくい業務、チームで行う仕事が多い、仕事の成果が出るまでの期間が短いといった職務特性を持つ職務（製造的職務、事務的職務などの一般職層）には、目標管理が展開しにくいという調査結果もあり、目標管理の画一的な運用による展開は避けるべきです。この意味で、目標管理の対象者は、管理監督者以上および

これに準ずるスタッフということになるでしょう。

　だからといって、「一般職層の従業員には目標はなくてよい」ということにはなりません。少なくとも上司の方針、目標に沿って担当職務の範囲において改善していくことは必要ですし、会社の方針、目標に対して自らも参画し、成長していく仕組みは、制度上、必要であることは間違いありません。だからこそドラッカーは、目標管理のなかで、「従業員の働きぶりと行動に関わる目標」の設定と評価を経営管理者に求めているのです。

3 目標設定のプロセス

① 目標管理の前提は信憑性のある経営計画の策定

　目標管理は、まずはトップが設定した目標をいかに組織の隅々まで落とし込むことができるかが基本となります。

　経営計画は通常、3〜5年の中長期経営計画を年度計画に落とし込み、これを部門計画に落とし込むことで、組織の各部門、各階層に目標が落とし込まれることになります。

　問題は、この経営計画の中身です。中小企業において精度の高い経営計画を策定できているところがどれだけあるでしょうか。私の知り得る限りにおいては、銀行融資取付けのために外部専門家と数字上辻褄合わせをしただけの経営計画を策定しているだけで、その存在を従業員に公表していないような企業が多くあります。正確な経営情報がオープンにされていない中小企業が多いなかで、存在する経営計画の何を達成しろと経営者は言っているのでしょうか。

　逆に、大企業、特に上場企業では、中長期経営計画を IR 情報としてホームページなどで公表していますが、その通りになっている企業がどれだけあるでしょうか。

　一方、目標管理制度の導入率は 70％を超えていると言われており、特に大企業においては 100％近いと言われています。そのような状況において、目標管理を情報システムに組み込み管理しているにもかかわらず目標達成をしていない企業がどれだけあるでしょうか。

　これらのことは、後述しますが（192 ページ参照）、目標管理が経営目標達成のための絶対条件とならないことを示していると同時に、経営計画そのものの信憑性が、非常に薄いことをも示していると考えられます。

これに関してドラッカーは、「経営管理者は、事業全体の究極の目標が何であるかを知り、その内容を理解する必要がある。そして自分に何が求められ、それがなぜであるかを知り、理解する必要がある。かつ自らの成果が、何によって、いかに評価されるかを知り、理解する必要がある。上位の部門に対し貢献すべき経営管理者の全員が、その上位の部門の目標について徹底的に考える必要がある。換言するならば、上位の部門の目標設定に、責任をもって積極的に参画するようになっている必要がある。このようにして、経営管理者たちが上位の部門の目標の設定に参画する場合においてのみ、彼らの上司たる経営管理者も、部下たる経営管理者に対し何を期待し、いかに厳しい要求を課することができるかを知ることができる」(『現代の経営』ダイヤモンド社)としています。

❷　個々の管理者による目標の草案作成

　目標はトップダウンで展開していくものです。しかし、それぞれの管理監督者が自分は何をしなければならないかを認識できていることが前提です。

　このため、管理者(部門責任者)には、経営環境分析から経営計画の策定まで一連の作業に関与させ、そのなかで、個々の管理者に目標の草案をつくらせて提出を求め、それを上司が承認し、経営計画に反映し、目標管理で展開するというのが最も良い方法です。

　目標を単に上から落とし込むだけでは、経営者の一方的な意思決定を実行するためのツールになってしまい、部下は自分の責任として物事を考える必要がなくなってしまいます。その結果、判断力を働かせて業務上の問題を解決するという、最も重要な管理能力の1つをも奪われてしまうことになります。

　実際は、管理者が自分自身の目標について想いを込め自発的に設定するためには、どうすれば自分の部門が企業全体に適合するかを考え、その強みと弱みを把握し、その全体的な力をも判断して、自分の結論に到達することが必要なのです。こういうやり方をすれば、自分自身の工夫

と独創力が発揮できるのです。また、こうした能力を啓発することが、
管理者教育の一環にもなります。

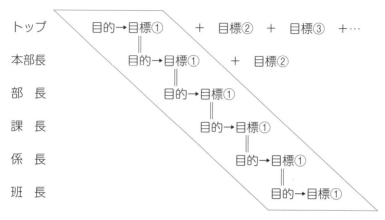

3 上司の職責

　個々の管理者が自分の目標を準備したら、上司は、その管理者がどんな目標に向かって働こうとし、また、それに対する結果の測定を受けようとしているかを評価しなければなりません。このためには、目標を、将来のある一定の時期に測定できるよう事前に設定しておかなければなりません。

　上司は、次のような事柄を確かめ、評価をします。

① 管理者が測定期間中に全力をあげてするほどの仕事になっているか

② 現実的で達成可能な目標であるか

③ 次のことがらを明確に示しているか

  a 目標項目

  b 測定期間

  c 測定の方法

④ それは、経営計画や経営目標に合致しているか

　上司としては、このような事柄を確認してはじめて、目標を部下に伝える立場になれるのです。

もし上司が、レベルにそぐわない達成しやすい目標、すなわち、測定期間中に全力をあげなくてもよいような目標を認めると、企業としては、その期間に当然受けるべき代価を受け取れなくなりますし、部下である管理監督者の啓発が妨害されることにもなります。

　管理者の目標を企業の全体計画に適合させるのは、その上司にほかなりません。このため、1つの目標を達成するために与えられた期間内で、その業績を中間的に測定できるような制度をつくることが必要なのです。たとえば、その期間が2年間と定まっている目標については、半年ごとにそれを検討するなどの制度が必要になります。

　こうすることによって、当初の目標とそのタイミングの妥当性をもう1度点検することができるとともに、目標が誤って理解されていたり、管理者の能力が劣っていたりする場合であっても、取り返しのつかないことが起こる前に警告や見直しをすることが可能となります。

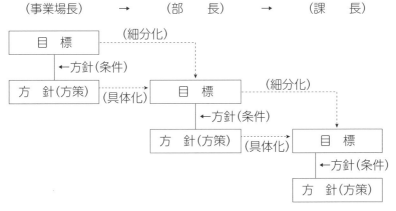

　上でも触れましたが、目標は、目標期間中に中間的なチェックと評価ができるようになっていることが必要です。それも、1年以上経過しなければ正確に評価できないものよりも、四半期か半年ごとに検討できるもののほうが望ましいと言えるでしょう。

〈悪い例〉　4月1日までに新設備を設置し、立上げを完了すること
〈良い例〉　1月31日までに操作方法を習得し、3月1日までに設置、3月15日までに調整を完了し、4月1日から本格稼動させること

3　目標設定のプロセス

要するに、目標は、進行状態がチェックできるように、いくつかに区切っておくべきだということです。

　なお、現在のアメリカにおける目標管理の運用には、一般的にSMART原則が適用されており、明確な（Specific）、測定可能な（Measurable）、達成可能な（Attainable）、企業目標に関係ある（Relevant）、達成期限を含む（Time-bound）目標を設定するということになっています。

4　目標管理とアカウンタビリティ

　アカウンタビリティとは、基本的には「ある人に目標が委任された場合、その人はその完遂についての義務感を感じ取らねばならない」ということです。「結果に対する責任」を割りつければ終わりというわけではなく、部下に職務を完遂するという実行責任（責務）を感じさせることによって、アカウンタビリティも感じ取ってもらわなければうまくいきません。

　ただ、名目上だけの権限委譲という自由放任は論外として、従業員には「権限が与えられる前に、アカウンタビリティを持つ」、すなわち責任感が確立した後で権限を与えるということにしないといけません。その逆になると、散々たる結果となります。たとえば、営業責任者や営業員が、売上げの増加を容易にするために、粗利ギリギリ確保程度の値下げを前提として価格を決めていることが少なからずあります。彼等は利益に対する責任感が低いことから、値下げの結果、収益はますます悪化することとなります。

　このように、責任感を持たないようなら値下げの権限を与えてはならないし、自身の行動が利益にどう影響するかということに責任感を持ち得るなら権限を与えてもよいということになります。

　結果が良くても悪くても、アカウンタビリティは持たなければなりません。管理者の主な仕事は、企業が期待している結果の一部を部下に割りつけ、それに対するアカウンタビリティを持たせるということなのです。

⑤ 目標項目の数

　よく目標の数を3項目以上あるいは5項目などと限定する場合がありますが、経営目標から求められる目標数があれば十分であり、限定する必要はありません。現実問題として、各部門と連結しながら実行しなければならないことも多く、あり得ないことだとは思いますが、もしある管理職の今の職責においてたった1つの目標になったとしても、そこに100％の重要度と貢献度が認められるのであれば問題はありません。

　また、どの階層の管理監督者であるかということも影響してくるかもしれません。つまり、下位の階層では、数多くの目標、しかもウェイトから言えばあまり重くない目標を設定せざるを得なくなることがあります。

　いずれにしても、数よりは質を追及すべきです。数にこだわるあまりに、目標項目を決められた数だけ無理矢理考え総花的になることは、すでに目標管理制度を間違って運用していると判断できます。また、日常の庶務的な事項をも監督していかねばならないような職責は、その実績が標準以下であったり、何か問題点があったりするとき以外は、目標として設定しないほうが妥当です。

⑥ 定量的測定と定性的測定

　スタッフ機能の測定に比べると、ライン業務の測定は極めて容易です。というのは、ライン業務は原則として具体的な内容のものが多く、その結果、数量的な取扱いができるからです。もちろん、ラインの管理者にも定性的な測定を受けるような職責事項がありますが、定量的なものに重点を置くことができるのです。

　これに対し、スタッフの管理者の場合は、むしろ定性的な測定に重点を置かなければなりません。

　ラインの管理者の貢献度を測定するための定量的な方法には、次のものが含まれます。

- ・ 利益中心点
- ・ 原価中心点
- ・ 投資中心点（投資利益率）
- ・ 単位売上高
- ・ 売上原価
- ・ 純利益

　これらは、定量的な測定として予算統制を活用する場合の用語を並べたものです。確かに予算は、他の経営上の目的のためにも望ましいものです。それは、管理者が経営計画において当該期間中に達成する責任を負っていた目標に照らして、その実際の達成度を測定することができるからです。

　つまり、目標と予算とが矛盾するようなことがあってはなりません。もし矛盾するようであれば、管理者は次期の経営計画見直しの際の目標および予算の検討会でこれを一致させる必要があります。

7. 目標達成に必要な２つの条件

　目標とは、将来を予期することによって設定され、明日を変えるための行動を要求するものです。このため、目標を達成するためのプロセスやその条件を明確にしておかなければ、目標管理を運用することができません。

　目標の設定を実りあるものにするには、何を評価測定するかを決定し、その評価測定の尺度を決定することです。このため、①目標達成のために必要な経営資源を明らかにしていること、②これをどう変革していくかというプロセスと行動があらかじめ決められていること、という２つの条件を設定しておかなければ、評価測定はできません。

　たとえば、朝起きてから出勤までのプロセス、行動でこれを考えてみます。Ａさんは現在、朝６時に起きて、就業開始時刻の８時ギリギリに会社に到着することがたびたび発生しています。そこで、10分程度の余裕を持って会社に到着する目標を立てるとします。

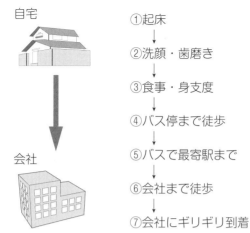

自宅

会社

①起床
↓
②洗顔・歯磨き
↓
③食事・身支度
↓
④バス停まで徒歩
↓
⑤バスで最寄駅まで
↓
⑥会社まで徒歩
↓
⑦会社にギリギリ到着

　朝6時起床を5時50分起床にしたのでは改善になりません。起床から会社到着まで2時間かかっている時間を少しでも短縮するのが改善であり、半分にするのが改革です。

　つまり、Aさんは時間短縮のために、会社に到着するまでどんな行動を、どういった手順で、どれだけの時間をかけてやっているのかを洗い出し、対策をとることになります。「寝床からなかなか起き上がれない」「眼鏡を探す」「洗面も歯磨きもやり方が毎日違い時間もばらつく」「テレビの天気予報や朝食とのタイミングが合わず手待ち時間が発生する」「服がなかなか決まらず着方も違う」「歩く道も速度も日によって違う」などといった行動の不安定さから、予定のバスに乗り遅れることが多々起こり得ます。

　こういった行動の洗い出しを行うことで、「目覚まし1回ですぐに起き上がれる方法はないか」「眼鏡を探さないようにするにはどうしたらよいか」「天気予報の時間は決まっているのだから、これに合わせて行動を組み換えることができるのではないか」「服は寝る前に確認し、消防隊のようにすぐに着ることができるように事前に準備しておくことができるのではないか」など、多くの課題が見つかるはずです。また、これらの解決のためには家族とよく話をして、協力をしてもらわないとできないこともあります。

　さらには、これらの行動を確実に実行できるようにするために、あら

かじめこれを妨げる要因を洗い出し、これを予防するためのプロセス・行動にしておくか、障害が発生した時の別のプロセス・行動を準備しておく必要もあります。天候不順の場合などは、歩行時間は普段よりもかかるし、タクシーをつかまえることができないかもしれないし、タクシーやバスに乗っても交通渋滞に巻き込まれる可能性もあります。これらのことを計画の段階でどこまで考慮しておくかが重要となります。

　つまり、事前にトラブルをできる限り予測し、想定外を極力なくすためその回避策を盛り込んだ行動計画になるようにしておくことが、激しい経営環境変化の下では特に重要となってくるのです。

　いずれにしても、時間の短縮という目標は、必要な資源、プロセスや行動をあらかじめ決めておき、これを管理することではじめて達成されます。

　つまり、目標達成に必要な条件には、変革しなければならない経営資源とプロセス・行動という2つがあり、これらを明確にすることが求められるのです。

❽ 目標の設定を論理的に行う

　目標を設定し、課題の抽出から設定、実行可能な対応策を考え、実際の行動管理に移す一連のプロセスにおいて成果をあげるためには、論理的思考が必要となります。過去の理論や経験が通じない今日では、特に必要不可欠なものです。

　このためには、これまでの延長線上で問題を捉えるのではなく、過去の情報や経験をいったん白紙に戻して最善策を考えるゼロベース思考や、結論から対策を考え出していく演繹的思考も必要です。

　会社の現状を正しく把握して、ダブリとモレをなくすための論理的な思考が必要です。次ページの特性要因図や系統図はロジック・ツリーと言われ、前者は過去の問題について分析する際に帰納法的に因果関係を、後者は中長期（未来）の問題について分析する際に演繹的に目的手段関係を明らかにしていき、問題解決思考で構造化しながら論理を詰めていくことで矛盾点が明らかになります。同時に、目的手段関係にモレ

●特性要因図から系統図へ●

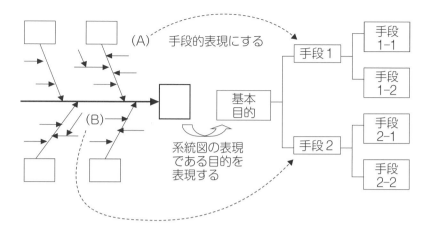

やダブリはないかをチェックすることも重要です。

　さらに、論理的に考えられた手段において業務の流れやその内容（手順）の変更があれば、先のプロセス展開表の改定も同時に行い、先行指標を見直しておくことも重要です。

⑨ 目標管理の基本手順

STEP 1　経営戦略が具体的に実行計画として各年度に分割され、明確になっているかどうかの確認をします。その確認ができたら、全社そして部門別に、各年度に取り組む内容、その時期や主担当の部門、責任者を明確にしていきます。

STEP 2　「全社役割デザイン・マトリックス」（179ページ参照）によって明確になった部門別の役割を達成するために、部門長あるいは管理職が「目標管理シート」を作成します。作成にあたっては、部下たちが具体的に行動をイメージできるよう、具体的な言葉に落とし込みます。「具体的な言葉」とは、「目標管理シート」を読んで部下たちが「どのタイミングで、どう考え、どのように手足を動かせばよいかをイメー

ジできる言葉」という意味で、これは非常に重要なことです。

　各管理職が「目標管理シート」を作成する際には、経営資源を活用し、あるいは変革しながら具体的にどのような行動を起こすかを記入することになりますが、これにあたっては「実行計画検討シート」（180ページ参照）を活用し、それぞれの行動についての障害を予測し、その対策を盛り込んだ変革行動としておくことが非常に重要となります。

STEP 3　管理職が書いた目標管理シートを監督者に落とし込むための「（部門）役割デザイン・マトリックス」を部門会議のなかで説明し、議論し、理解させたうえで、監督者に「目標管理シート」（181、182ページ参照）を作成させます。

STEP 4　監督者が「目標管理シート」に基づき、グループでの「役割デザイン・マトリックス」（183ページ参照）を作成します。定型・半定型業務が中心の従業員には、目標管理シートを書かせることよりは、「役割デザイン・マトリックス」の作成を通して、監督者の目標設定から展開される役割を各人に認識させることが重要であり、これだけでも良い結果につながっていきます。

STEP 5　全社役割デザイン・マトリックス、各自の目標管理シート、部門（グループ）役割デザイン・マトリックスを確認し、発表会を実施し、再度、全管理監督者で目標の確認をします。

実施項目／職層	合同討議（成果評価・目標設定）	目標・方針の提示	合同討議（目標案設定）	個別話し合い（成果評価・目標設定）
事業部長→部長	4月19日	4月19日		4月21日
部長→課長		4月22日	4月19日	4月24日
課長→主任		4月25日	4月22日	4月27日
……………		4月28日	4月25日	

● 全社役割デザイン・マトリックス（例）●

会社方針	目標水準						
	●●課	●●課	●●課	●●課	●●課	●●課	●●課
1. 品質の安定度を上げる	①営業指示不良による不適合本数の●%以内（処理値本数の●%以内）	①重要原稿の流れの手順化 ②●●分の納期完遂	①適切な製版データの掌握●名以上（グラフ・細文字）②カラー作業者 初級から中級レベル●名程度 ③人為不適合の削減（月 製版本数の●%以内）④常時●●本処理（最大時●本処理）⑤３Ｓの徹底 ⑥デジタル化●%達成	①２号機１号機の差をなくす ②ピンホールの減少（1号機）（個本数を半分以上にする）③自動ライン停止回数（月1回以内 1号機）（レーザ本数の●%以内）④不適合の削減（レーザ本数の●%以内）	①規定値セル径外れ（許容範囲内外）日産の●%以内 ②調肉不適合の削減（日産の●%以内）（彫刻本数の●%以内）	①CLの計測測りを減少させる（処理本数の●%以内）②調肉メッセビンホールの削減（処理本数の●%以内）	①ハイライト域のインク転移（調子原稿の●%以上）②特色資料の完成 ③検品落ちの削減（製版本数の●%以内）
2. 今以上の短納期化	①シリンダーの早期手配 製版日の前々日の午前中までに●%引取り（月平均）②帰校の促進 製版日の前日（定時）までに●%帰校（月平均）	①予定表の●を前倒し処理 ②早期帰校の促進（定時までに●%帰校、確認モレ●点以内）	①中1日出荷●●以上 ②定時までに●帰校の製版データ完了	①前出し版 1日●本以上 ②２号機max●本処理体制	①翌日製版分の●%を前倒しする	①前日の予定本数のメッ 寸前完成品	①現状の作業トータル時間から●%削減（5Ｃ物）
3. 価格力（値引きに耐えられる体力）	①次部署への正確で明瞭な指示 不的確な業務能力の向上（点数値）	①残業時間の削減（昨年後期の●%減）	①プルーフ等の出し直し、月点数の●%以下 ②パートの業務能力の向上に活用	①残業時間の削減（●人の合計●時間）	①残業時間の削減（昨年後期の●%）	①外注費の削減（月産●本数の●%以上）	①残業時間の削減（昨年後期の●%）
4. サービスの向上（特にクレーム対応力の向上）	①クレーム内容を把握し迅速な対応をする（顧客評価●点以上キー）5点満点中	①部署間における連絡モレをなくす（月●点以内）	①全顧客の出稿ブルーフにオペレーション情報のコメント ②カラー調子原稿のブルーフ種類作成（分解原稿の割）	①幅広い製版条件使用可能（ハニカムスクリーン調子対応、●●●●本番使用）		①シリンダーの内面処理（製版予定本数の●本以上）	
5. 他社との差別化（強みの構築）	①競合他社にはないものの提案（オムニアス等）②営業課員の力量アップ 顧客に対して提案営業		①顧客への出向処理（CC以外●%の当日出稿）②リモートブルーフ、専用サーバ等を顧客に提案（今期中●社）	①幅広のシリンダーサイズの対応（穴径●）			

●年度　実行計画検討シート（例）●

部門目標	役割内容 氏名（　　）		4月	5月	6月	7月	8月	9月
品質向上（良品率●●％以上）	セルの管理を確実にする（1号機と2号機の違いを解消する）	実行計画	セル蔵勉強会を開く（●●課と共同）	同左	セル管理方法を決める	同左	効果の確認をする	セル管理方法を見直す
		予測されるリスク	①時間調整ができず開催できない ②●●課の協力が得られない	勉強会の内容が理解できない	セル管理方法が定まらない	決めた管理方法が実行できていない	効果が確認できない	
		リスク対策	①工場長からの指示を出してもらう ②興味がわく内容とするため事前アンケートをする	アンケートに基づき、わかりやすい資料とテキストを制作する	現在、セル管理ができていなかった原因を、勉強会で議論し、確認し、対策を考えておくようにする	実行できていない原因を特定し、対策を立てる。管理責任者を明確にし、工場長への報告を義務とする	対策が間違っているようであれば早急に原因から再度、洗い出す	
同上	●●●●を減少させる（●●個本数を●●以下にする）	実行計画	●●●●原因を調査	●●●●●原因を調査	関係部署と協力して、5Sを推進する	同左	同左	対策を見直す
		予測されるリスク	要因が多すぎて整理できない	調査結果を理解してもらえない	考えられた原因が明確になっていないため対策が立てられない	5S活動をするが、実行できずに終わってしまう	効果が確認できない	効果確認が上期に間に合わない
		リスク対策	①要因を初めに書き出し整理しておく ②グラフ化し、傾向から原因を読み取る	調査結果はわかりやすく号機別、原材料別、作業別に数値化する	要因をすべて列挙し、全部門から責任者に参加してもらい、原因、対策を検討し、実行計画を策定する	5S巡回パトロールを実施し、対策がとられ、継続されているかを確認する	再度、要因を洗い出し、実行計画を作成する	各月の実行計画が確実に進むようにチェックすること、計画以上のスピードでできるよう、時間配分を検討できるよう、時間配分が上期に間に合うように
		実行計画						
		予測されるリスク						
		リスク対策						
		実行計画						
		予測されるリスク						
		リスク対策						
		実行計画						
		予測されるリスク						
		リスク対策						

● 目標管理シート①(例) ●

部署 ●●●●課　氏名 ●●●●
●年●月●日提出

会社目標　　　　　　　　部門目標

区分	目標項目 (何を)	達成レベル (どこまで)	実行手順 (どのように)	スケジュール						評価とその根拠 本人	上司
				4月	5月	6月	7月	8月	9月		
業務目標	セルの管理を確実にする	2号機と1号機の差をなくす	1. セル蔵勉強会を開き研修(●●●課と共同)する 2. セル管理方法を決める 3. 効果測定 4. 見直し							5・④・3・2・1 セル径が確実に記入されるようになった顧客請求項目はさらに強化が必要	5・4・3・2・1
	ピンホールを減少させる	0個本数を●以上にする(1号機)	1. ピンホールの原因を調査 2. 関係部署と協力して、5Sを推進する 3. 見直し							5・④・3・2・1 1号機のメンテナンス強化により減少しかし●●以上にはなっていない	5・4・3・2・1
	前倒し●●●をする	1日平均●本以上	1. 原稿と●●●●の進捗状況を確認する 2. 前倒し製版を増やす方法を提案する							5・4・3・2・1 機材キャパアップにより●本程度は前日に●●できている	5・4・3・2・1
	自動ライン停止回数を減らす	月●回以内(1号機)(半年平均)	1. 止まる原因をまとめる 2. メンテナンス実行 3. 見直し							5・④・3・2・1 管理不足により月●回以上止まっている	5・4・3・2・1
	2号機の本数を伸ばす	6月中にmax●本処理できるようにする	1. 原稿と●●●●の進捗状況を確認し、段取りする 2. 1号機・2号機両方向処理できるよう研修する 3. 検品・検査体制を整える 4. 原稿振り分け方法を確立する 5. 見直し							5・④・3・2・1 感材の安定により確実に本数は伸びているMax●本クリア	5・4・3・2・1
自己啓発目標	●●●●製版知識の勉強 カラーコーディネーターの勉強	すべてのカラーを判断できるまで	1. CQMを推進する 2. 各勉強会・セミナーに参加する							5・4・3・2・1 重要な項目から推進させているが、CQMとしては中途半端	5・4・3・2・1
今回反省事項				上司コメント						総合評価	

181

3　目標設定のプロセス

● 目標管理シート②（例）●

区分	目標項目（何を）	達成レベル（どこまで）	実行手順（どのように）	スケジュール 4月 5月 6月 7月 8月 9月	評価とその根拠 本人	上司
業務目標	●●●課員の残業を減らす	5人の合計●時間以内	1. 夕方以降は早帰り・遅帰りをさめる　2. 交替勤務方法を検討する		5・④・3・2・1　合計時間はクリア残業時間の偏りあり	5・4・3・2・1
	クレーム・不適合を減らす	人的不適合を●%以内にする（半年平均）	1. クレーム・不適合の内容をまとめる　2. 優先順位をつけて予防策を出す　3. 見直し		5・④・3・2・1　2号機の本数が増えるについて人為的な不適合も増加している	5・4・3・2・1
	幅広い●●●製版条件を使用可能にする（品質向上）	●●●調子対応　●●●—DOT●°本番使用	1. 各条件をメーカーへ依頼する　2. テスト製版　3. 検証　4. 本番使用		5・④・3・2・1　テストをしているが、良い結果が出ず、中途半端になっている	5・4・3・2・1
	幅広い●●●●サイズの対応	穴径●を製版可能にする	1. 穴径の●●●●に補助リングをつけてテスト製版する　2. 穴径●からまでの補助リングを作成してもらいテスト製版する		5・④・3・2・1　単色ものは本番で処理しているが、多色もので少し不安あり	5・4・3・2・1
自己啓発目標	グラビア製版知識の勉強　カラーコーディネーターの勉強	すべてのカラーを利用できるまで判断できるまで	1. CQMを推進する　2. 各勉強会・セミナーに参加する		5・4・3・2・1	5・4・3・2・1

会社目標　　部門目標

上司メント

今回反省事項

総合評価

182

第6章　目標管理制度の運用　～実践編～

●部門役割デザイン・マトリックス（例）●

部門目標項目	目標　水準			

セルの管理を確実にする
* ●●・●●課全員がセルを計測できる
* ●●マニュアルを作成する（柄・色に対しての線数・濃度）
* 個人によって差ができないよう定期的に研修する
* ●●案件を見直す
* 目標値によって実測値の差を減少させる
* セル洗浄を習慣にする
* 顧客要求事項を意識する

ピンホールを減少させる
* 原因を徹底的に追究する
* 5Sの意識づけをする（全員に）
* 構造を全員に知ってもらい知恵を出し合う
* ●●●脱脂方法を見直す
* ピンホール多発発生を分を調査する
* ●●●室内のゴミを減らす
* 2階フロアーの清掃を習慣にする
* 投入口付近をこまめに清掃する

前倒し製版をする
* 昼一番から段取りを行い、ダブりから着手できるようにする
* 前の部署に材料を要請する
* 次の日の●●分の材料を早めに確認する
* CU課と連絡を取り合い、前倒し可能ならシリンダーを要求する（何個にしたがるか確認する）
* ドアの開閉に注意して、ゴミ・ホコリの侵入をなくす
* 掃除を習慣にする（特に脱脂機械）
* ピンホールの要因を見つける
* ●●当日分を早めに処理して●●●をこまめにチェックする
* 銅メッキ上がりの●●●をこまめにチェックする

自動ライン停止回数を減らす
* 停止原因・案件をピックアップする
* 朝のメンテ・帰りの際のチェックを確実にする
* 入力ミスをなくす方法を考える
* 停止原因・案件を早めに確認する
* 優先順位をつけてメンテナンスをする
* 投入の際、状況をよく確認する（次の日の本数が多い時は前倒しする）
* 昼から前倒し分を処理できるようにする
* 終了時の確認を確実にする
* 自動ラインが止まる状況を把握する
* ロボットが止まらないようにする（ハンド清掃・スピード調整）

2号機の本数を伸ばす
* 前倒しを●●進める
* 案件を●●なくし、1号機と同じ製品をレベルにする
* 原稿内容などを確認して、早めに1号機と2号機を振り分ける
* 前倒しの割合を増やす
* 昼から前倒し分を処理できるようにする
* 朝のメンテを手早く終わらせる
* 2号機も処理できるようにする
* 朝のメンテを手早く終わらせる

レーザー課員の残業を減らす
* 朝のスタートを早める　9：30には●●●
* 本日が投入できるようにする
* 遅くともPM8：00には終了できる（何も問題がなければ）
* 置番のローテーションを組む
* 当日が投入分を投入する
* 無駄な作業をなくす
* 何事も合理的に判断し、行動する
* 当日は分一午前中に完了、昼からは前倒し分を処理できるようにする
* データ入力作業をスピードアップする

クレーム・不適合を減らす
* クレーム・不適合の原因と対策の周知徹底を図る
* 各作業の確認漏れをなくす方法を考える
* 凡ミスをなくす（確認の徹底）
* 得意先別の製版案件表を作成する
* 現像上がりの仕上がり確認を徹底する
* 人的不適合は0を目指す
* シリンダーサイズ入力ミスをなくす
* 感材や現像液による不良は早めに対処する（2号機）
* データ入力時の確認を徹底する

幅広い●●●案件を使用可能にする（品質向上）
* テスト●●をP・D・C・Aで行い資料化する
* ●●調子・TBを実現させる
* 製版案件を整理しまとめる（得意先別に）
* テスト版の実行および●●データ収集
* ●●案件を整理しまとめる
* ●●案件のそれぞれの特長を少しずつ理解する
* ●●案件のそれぞれの特長を少しずつ理解する

幅広い●●●●サイズの対応
* 巾●●はすべて対応する
* 穴径●●に対応する
* シリンダーサイズと膨貨の関係を調査する
* 1号機と2号機のスペック（●●●●）サイズを考慮して、段取りする
* 穴径●●●●は慎重に処理する
* 重たい●●●は慎重に処理する
* 重たい●●・2号機で使用可能にする
* サイズ不可能なシリンダーを発見する
* 使用不可能なシリンダーを発見した時は、素早く適切な処置をとる

183

3　目標設定のプロセス

⑩ 役割デザイン・マトリックスのねらい

　ドラッカーは、「今日企業が必要としているのは、個々人の力と責任に広い領域を与えると同時に、彼らの志や努力に共通の方向を与え、チームワークを打ち立て、個人目標と協同の善とを調和せしめるような経営原理である」（『現代の経営』ダイヤモンド社）とし、目標と自己統制の管理を提唱しました。

　目標管理の手順における役割デザイン・マトリックスの位置づけとこの作成プロセスは、まさにこれを具現化したものと言えます。役割デザイン・マトリックスは、社長から各部門管理監督者に至るまで、明確な目標を持つ必要があり、これらの目標は、彼らの率いる部門がいかなる成果を生み出さなければならないかを、関係者全員で明らかにするものです。

　同時に、他の部門が目標を達成することを助けるために、自分や自分の部門がいかなる貢献を期待されているかを明らかにします。そして、自分の目標を達成するうえで、他の部門からいかなる貢献を期待できるかを明らかにします。

　このことを理解させるために、役割デザイン・マトリックスを作成する過程で、From to chart（次ページ参照）を活用する場合があります。これは、1つの部門だけで完結できるような目標でないことも少なからずあるため、目標、課題ごとに部門から部門へ具体的な協力要請をさせるものです。これを活用することは、顧客価値向上のために部門の壁を壊し、横断的に取り組むお膳立てにもなります。

　これは相互協調的自己観が強いとされる日本的な目標設定方法であり、これによって、グループメンバーからの期待に沿うために、常に自らの姿を点検し足らざる部分を補おうとする自己向上動機につながるというものです。

● From to chart（例）●

部門	営　業	設計開発	資材調達	製　造	メンテナンス
営業	●仕様書の不統一 ●提案力がない（強気に出られない） ●××機の知識不足 ●中小得意先を回れていない	●設計能力の不足（設計ミス）		●製造原価が高い ●製造ミスが多い	
設計開発	●仕様書をしっかりと早めに詰めてほしい（出図の遅れ） ●仕様書の間違いが多い ●××製品の機種が多い	●できる人材が営業、サービス対応やトラブル対応で手一杯			●現場手直し内容が連絡されていない
資材調達	●仕様書をしっかりと早めに詰めてほしい（外注比率が削減できない） ●営業の前情報が少ない ●××製品は機種が多い	●部品のサイズが異なるだけでまったく違う部品番号と品名がある。このため異なる外注に発注している場合もある ●部品標準化が進んでいない	●外注管理ができていない ●納期遅れがある ●在庫管理の徹底不足		●注文書が出てきていないのに、物が納入されている
製造	●仕様書をしっかりと詰めてほしい（手直しの削減） ●顧客との打合せ内容記録ミスの削減 ●現場を知らない ●一部営業は顧客の言うことを聞きすぎ	●設計ミスをなくしてほしい ●標準図面を直す ●組立を考えた設計を希望する。組立図もない ●設計能力の不足 ●配管には図面がない（全体イメージを考える時間が必要） ●情報の共有不足	●社内でもできるものまで外注に出ている ●納期を守ってほしい ●外注の開拓と育成ができていない ●受入検査をしていない ●外注政策がない	●製缶、組立、機械場、配管のコミュニケーション不足 ●機械場の設備稼働率が悪い	
メンテナンス	●仕様書をしっかりと詰めてほしい ●オーバースペックな箇所がある ●手直し原因の情報公開（営業担当別）	●図面管理が不完全 ●現場を知らない ●取扱説明書、搬入手順書がない ●以前の改良が直っていない（同じ間違いを起こす…特に、機械設計） ●メンテナンスしやすい設計を希望	●社内振替制度が必要	●サービスマニュアルがない ●現場で配管の手直しがある ●部品の手配ミスがある	●サービスマニュアルがない ●メンテナンス作業の履歴がない

出典：『増補版　人事コンサルタント養成講座』（日本法令）P.162

⑪ 目標設定面接の基本ステップ

　目標設定面接は、以下の6つのステップがあります。上司と部下がどのように話し合い、決めていくかの手順が重要となります。このため、今期の部下の担当職務、啓発目標と上司の期待目標などについて情報収集するなど、事前準備が必要です。

STEP 1　リレーションづくり

　まずは、部下が何でも話せるような雰囲気づくり、信頼関係づくりをすることです。部下の日常についての質問をし、部下に関心を持っていることを伝えます。

STEP 2　部下の目標を聴く

　自分の価値観を脇に置き、部下の考えや感情を知ることが重要です。部下の目標および改善方法について部下の考えを聴きます。

STEP 3　期待目標の明示

　上司は期待目標を部下に明示し、期待目標と同時に目標達成イメージ、評価基準を明確に提示します。

STEP 4　チャレンジを促し、納得させ、合意する

　上司の期待目標と部下の目標に食い違いがある場合、どのようにチャレンジさせ、納得させるか、合意点について話し合います。

　このため、1つひとつ問題の原因を分析し、問題の本質を明らかにすることが必要です。部下が何に対して不安を感じているかに気づくことも大切です。

　原因が明らかになれば、これを解決するため、基本的には部下に考えさせますが、部下の不安が強く、なかなか解決策が出てこない場合は、部下を孤立させず、共同で問題解決の段取りづくりをしていきます。

　実行計画について話し合う

　上司と部下のそれぞれの役割を明らかにしながら、５Ｗ１Ｈに従って実行計画の合意形成をしていきます。

　クロージング

　これまで話し合い、合意したことを部下にまとめさせます。そして、計画を実行するよう激励し、勇気づけます。

12　進捗の日々管理

　管理監督者は、部下を巻き込み、それぞれの利害を調整しながら役割デザイン・マトリックスを共同で作成すれば、後はすべての部下が忠実でお互いに助け合い、意欲に溢れ続けてくれるものだと思っていることがあります。初めはそうであっても、これを維持するのはなかなか難しいことです。このため、役割デザイン・マトリックスや目標管理シートを全員の目に触れる場所に張り出し、進捗をグラフ化（次ページ「ラップ管理表」参照）するなど「見える化」をしておき、常に互いの進捗を確認できるようにしたうえで、朝礼などでそれぞれの支援策などを考える時間を設けるなどの工夫が必要です。

● ラップ管理表 ●

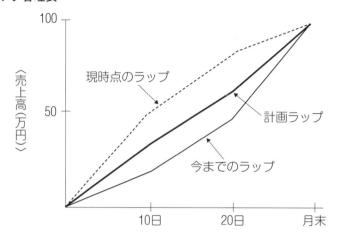

〈売上高〈万円〉〉

100

50

現時点のラップ

計画ラップ

今までのラップ

10日 　20日 　月末

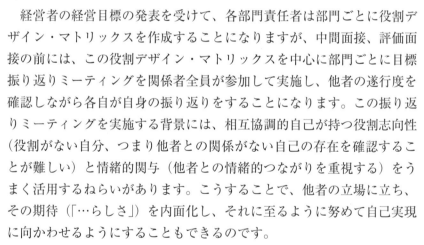

13 中間面接、評価面接前の目標振り返りミーティング

　経営者の経営目標の発表を受けて、各部門責任者は部門ごとに役割デザイン・マトリックスを作成することになりますが、中間面接、評価面接の前には、この役割デザイン・マトリックスを中心に部門ごとに目標振り返りミーティングを関係者全員が参加して実施し、他者の遂行度を確認しながら各自が自身の振り返りをすることになります。この振り返りミーティングを実施する背景には、相互協調的自己が持つ役割志向性（役割がない自分、つまり他者との関係がない自己の存在を確認することが難しい）と情緒的関与（他者との情緒的つながりを重視する）をうまく活用するねらいがあります。こうすることで、他者の立場に立ち、その期待（「…らしさ」）を内面化し、それに至るように努めて自己実現に向かわせるようにすることもできるのです。

　この振り返りミーティングにおいては、部門責任者は仕切る必要はなく、メンバーは評価を意識することなく、それぞれの目標の遂行度とその理由について、事実、行動を振り返り、互いの遂行度とその内容に対して率直な意見交換ができるように進行することが重要です。この議論の内容は、中間面接、評価面接の準備にもなります。

4 スタッフと目標管理

❶ ラインとスタッフとの基本的な相違点

ライン業務とスタッフ業務の目標とその測定、評価には、基本的相違点があります。

まず、ラインの管理者の業績の場合は、対象期間の最終成果を調べることによって、個々に測定し、評価できます。このように損益中心点の責任を負っているラインの管理者の業績測定と異なり、たとえば、「人事部長は、有効な労務計画を策定し、それを実施に移すとともに、その進行を管理する責任を負う」といったような目標の場合、全体的で期待された目標を定めたように見えますが、あまりにも広範囲で一般的であるために業績を測定、評価できません。

また、スタッフは定型的な書類、報告書、統計資料などを繰り返し多く作成していますが、経営者も自分たちも、このために必要な人数と費用とを検討していることは非常に少ないのです。このため、スタッフの仕事が自然に増加し続け、これに比例した従業員とコストの増加によって、スタッフ数が企業の目標や必要性とまったく釣り合わないことになってきます。

❷ スタッフの目標

スタッフの目標は、収益との直接の関係を決めることが困難であり、定量的には完全に測定、評価できないという理由だけで目標による管理をあきらめている場合が多く、このことは経営管理の広大な分野、しか

も増大しつつある分野においてアカウンタビリティを免除していることになります。また、スタッフにも目標設定をしなければ、自身の価値を過大評価し、ラインに対して役立とうと役立つまいと、スタッフの分野に共通する専門的な仕事に重点を置いて仕事をするようになります。

たとえば、バブル経済崩壊後、日本企業の多くの人事部は、欧米型の成果主義人事制度が従業員に対してどういう効果があるかということをほとんど検討せず、あらゆるテクニックでこれを当てはめようとし、その多くは失敗しました。

このようなことから、スタッフに対しても、ラインを助けるという業績責任を完遂するために「期待する結果」を明確に定め、結果に対して責任感を持たせることが必要です。スタッフには、単独での「結果に対する責任」は決して存在しません。スタッフの機能はあくまで、ラインがその仕事をもっとよく遂行できるよう援助することであり、逆にラインはスタッフが援助する部分を含めた業務全般に対して責任を持たなければならないのです。

したがって、定量的な測定を適用することは困難であるとしても、いわゆる質というものの意味について同意が得られれば、定性的な測定、評価が適用できるように検討することです。これを質的評価の量化、可視化といいます。また、企業によって多少の差はあるとしても、スタッフの活動の測定にあたって考慮すべき「質」には、3つの基本的な側面があります。すなわち、①コスト、②企業目標との適合性、③企業目標への貢献度です。不要なコストを最小限にとどめて、最大限の成果をあげるような方法を考えることです。

たとえば、先の人事部長であれば、ラインと組み合わさって全体の業績を構成しているような活動を個々に列挙し、それぞれ別個に評価しようとすれば、賃金管理（付加価値人件費比率）、就労関係（欠勤率）、採用（退職率）、訓練（能力レベル向上人数）、従業員関係（従業員満足度）、その他といった分野に分解することが必要であり、それぞれの分野について、期待する結果と対比しなければならないのです。

5 目標管理と小集団活動

　管理監督者は目標を達成するために自己統制のツールとして目標管理を運用していきますが、一般職層の従業員に対してはこれとは別の仕組みが必要です。上司が設定した目標に対して自発的に取り組むような従業員ばかりなら問題はありませんが、多くの場合は、やらされ感を感じながら取り組むことになります。

　このため、モチベーションを高め、自発性を育む仕組みとして、小集団活動を導入することが必要となります。この小集団活動は、ボトムアップの情報の流れを促進し、それにより現場の作業員の勤労意欲や創意工夫を最大化する役割を担っており、あくまでも自主的、自発的なもので、失敗をすることも許される活動であり、目標管理制度とは別に行われます。

　その結果として、企業業績の向上やイノベーション、つまり変化することに対する適応力、問題解決能力や仲間意識を向上させることにつながってくることになり、目標管理との連結が可能となってくるのです。

目標管理制度の運用の難しさ

1. 目標管理制度から決まる評価の大きさと、本人が稼ぎ出す付加価値の大きさをリンクさせることができない

　市場原理はこの上なく不合理で不透明であり、運やタイミング、時代の風向きといった、企業の努力ではどうにもコントロールできない得体の知れない要因によって、付加価値の大きな部分が決まってしまいます。

　どれだけ良い仕事をしたかは、付加価値をつくり出すうえで1つの要因にすぎないのであって、仮に全従業員がそれぞれの持ち場で素晴らしい成果を発揮しても、会社の収益はまったく増えていないという事態は、何の不思議もなく起こり得ます。その結果、目標管理制度から決まる評価の大きさと、本人が稼ぎ出す付加価値の大きさをリンクさせることができないのです。

2. 仕事の進め方の裁量権が部下に移ってしまう

　自分で目標の達成度をあらかじめ80％にすると決め、それ以上努力をしない従業員がいても叱責できない等、仕事の進め方の裁量権が部下に移ってしまいます。

　ドラッカーは、「金銭的な報奨が動機付けとなるのは、他のあらゆる要因によって、働く人たちが責任をもつ用意ができている時である」（『現代の経営』ダイヤモンド社）と言っています。

　従業員が仕事に対する責任を持つためには、適材適所の人材配置がな

され、従業員が自発的な目標を掲げ、自分の仕事の意味を理解し、経営者と同じような視点から業務計画に参画できる機会を確保することが求められます。

③ 管理者の目標が単なる現状維持になってしまいがち

管理者の目標が、単なる現状維持になってしまっており、前期と同じ目標をそのまま次期の目標にするようなことがあります（特にスタッフ部門）。

そもそも管理者の目標は、企業目標の変動に先行し、かつそれに適合していくために本来は目標期間ごとに変化していかねばならないはずであり、その目標については十分に熟考することが求められます。

言うまでもなく、目標を設定したけれども忘れてしまったというのでは、初めから設定しないほうがよいのです。

④ 目標内容と評価方法の矛盾

アメリカの心理学者ベンジャミン・ブルームは、教育目標を「認知的領域（知識、理解、応用、分析、総合、評価）」「情意的領域（受け入れ、反応、価値づけ、組織化、個性化）」「精神運動的領域（模倣、巧妙化、精密化、分節化、自然化）」の３分類体系（タキソノミー）に、また、フォードは「情動目標」「認知目標」「主観的構成目標」「統合的社会関係目標」「課題目標」「自己主張的社会関係目標」の６カテゴリーから構成される24種類の目標に分類しています。これらの目標は単一でも働きますし、同時に複数の目標が連携したり、葛藤したりしながら機能する場合もあることから、内容は複雑となります。

そしてこれらの教育目標については、目標内容によって評価すべき方法が異なるとしています。それにもかかわらず、多くの企業は、これまで画一的に管理し、一律に達成度で評価をしてきたのではないでしょう

か。

　つまり、評価については、目標および役割行動能力ごとに評価方法を選択する必要があります。つまり、筆記テストで測れる知識以外に、論文作成、討議、ロールプレイおよび上司の実地観察を通じて反復度などを確認し、判断しなければならないものなどさまざまありますので、これらの評価方法については事前に設定しておき、誤った能力測定方法によって判断力、交渉力などを誤って判断されることがないようにしておくことが重要となります。

　参考までに、教育評価において、教育領域が異なっていたとしても、5つの評価側面（「興味・関心」「知識・理解」「思考力・論理力」「態度」「技能」）はどの教科にも共通に含まれるとされ、評価方法を設定しています。たとえば、5つの評価側面には、それぞれ以下のような評価方法がふさわしいとされています。

　①　興味・関心 ： 質問紙法、問答法、観察記録法、製作物法
　②　知識・理解 ： 標準テスト、教師作成テスト、問答法
　③　思考力・論理力 ： 問答法、レポート法
　④　態度 ： レポート法
　⑤　技能 ： 観察記録法

　また、観察記録法については、すべての評価側面への適応が可能とされていますので、行動観察シート（124〜125ページ参照）に、各評価側面でのふさわしいとされる評価方法を加味して判断することでさらに適正な評価ができることになります。

目標設定の心理的側面

① アトキンソンのモデル ～成功志向傾向・失敗回避傾向～

　達成動機理論で有名なアメリカの心理学者 J. W. アトキンソンは、意欲的な行動（達成傾向）は成功志向傾向と失敗回避傾向の合成によって成立すると考えています。彼は、成功志向傾向も失敗回避傾向も、「動機と課題の困難度と課題の価値がかけ合わさったもの」と考えます。ここでいう課題の価値は、成功したときの喜びや失敗したときの恥の強さとして反映されるでしょう。

＊達成傾向＝成功志向傾向＋失敗回避傾向
＊成功志向傾向・失敗回避傾向＝動機×課題の困難度×課題の価値

　さらに、失敗回避傾向は成功志向傾向を抑える力を持っています。
　以上のようなアトキンソンのモデルから、次のようなことが言えます。

　成功動機の強い人は、難しすぎたり易しすぎたりする課題を選択せず、成功と失敗の確率が五分五分の課題に挑戦しようとする。このため、目標を設定する際にも達成可能性が五分五分の実力相応の目標を設定することになろう。
　逆に、失敗回避動機の強い人は、確率が五分五分の課題を最も避け、非常に困難な課題や非常に容易な課題を選択する。目標設定で言えば必ず達成することが容易な目標か、達成する確率の非常に低い目標を設定することになろう。

②　ワイナーによる成功・失敗の原因の分類　〜原因帰属理論〜

　アメリカの社会心理学者ワイナーの原因帰属理論は、自分の行動の結果の善し悪しをどのような原因に帰属させるかということの違いによって、その経験の蓄積の仕方やその後のさまざまな感情や予測、行動に影響を及ぼしているのではないかという考え方です。

　そこで、何事においても自分の実力相応（成功と失敗の確率が五分五分）の課題に挑戦し、成功したときはその原因を自分自身の安定した内的要因、つまり能力に帰属させ、失敗したときはその原因を不安定な内的要因、つまり努力に帰属させる人間であれば、その人は意欲的な人間であると言えるのです。

安定性	感情・思考の統制	
	内　的	外　的
安　定	能　力	課題の困難度
不安定	努　力	運
	⬇	⬇
	成功志向動機の強い人	失敗回避動機の弱い人

　したがって、フィードバックにおいても、仕事の成否の原因を「能力、努力」に求めるべきであり、仕事の「難易度、運」を理由にせず、能力、努力について褒めたり、内省してもらったりすることで動機づけを行うようにします。

③ 目標の設定方法と効果

　心理学者のバンデューラとシャンクが、算数（引き算）の苦手な子供たちを対象として集めて2グループに分け、計算問題を解かせました。試行はそれぞれ7回で、目標の与え方は、Aグループは各試行ごとに最低6ページ、Bグループは7回の試行終了までに最低42ページとしました。その結果は、下図の通りです。

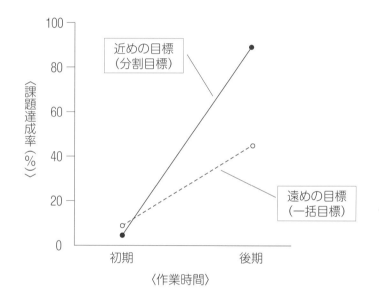

　この実験結果から、目標を遠くに置くことにより目標までの心理的距離も遠くなるため、目標をいくつかのステップに分けて目標までの距離を常に近くにしておき、近くの小目標（近接目標）を繰り返し達成していくこと（達成体験）のほうが、モチベーションを強化し、結果を得られる効果があることがわかっています。

7　目標設定の心理的側面

目標管理に関する面接上の留意点

1. 目標設定面接の留意点

　部下が目標を上司から一方的に押し付けられたと感じるのではなく、目標について深く理解し、自身の目標としてアカウンタビリティを感じるように対話をしなければなりません。このためには、部下に上司から支援してもらっているという実感を持たせることが重要となります。面接においては、部下の意欲や自発性を引き出し、目標を成し遂げようと決意していく状況をつくる必要があります。

　目標の要件についてはすでに述べたので（第6章第1節参照）、ここでは対話の仕方について述べます。

　部下が目標について深く理解するためには、現状の把握が必要となります。現状と向き合わせることで、「今の状況をつくったのは自分である」との自覚が持ちやすくなり、主体的にこれを解決していこうとする責任意識を持たせることもできます。

　そして上司は、部下が「自分自身がどのように変化すれば成果をあげることができるか」を発見できるように支援していくことになります。

2. 中間面接の留意点

　中間面接は当然、目標達成に向けて部下が実際に行動している過程で行うことになります。期初に設定した目標達成に向けて努力していても、途中でうまくいかなくなることもありますし、予想以上の効果が出る場合もあります。途中の結果だけをみて、部下を責めたり、否定した

り、口先だけでの期待を述べたりするのは慎むことです。部下の日常を観察できていないのならなおさらです。

　中間面接は、問題の早期発見と軌道修正がねらいです。したがって、目標設定面接と同じように、まずは現状把握から入ることが重要です。「目標を設定した時と何がどう異なっているのか」について、結果をみながら明らかにしていきます。この際、部下の感情や努力は排除、後回しにして、客観的に事実を捉えることに焦点を当て、問題解決の糸口を発見できるようにします。つまり、結果が出ていない行動を明らかにし、その変容、改善および調整を促進することが中間面接の重要な目的と言えます。したがって、一方的なアドバイスではなく、ここでも部下の自発性を引き出すように注意することが必要です。部下が抱える問題次第では、他の管理者のアドバイスを確認するなど、他の資源を与えることも重要です。

　また、中間面接は目標設定と期末評価の中間1回だけ行えば終わりというわけではなく、タイムリーに行うことが大切です。

第 7 章

自己評価と
フィードバックの実際

1 自己評価を導入するねらい

　我々は、何らかの意味で自分を意味づけ、価値づけなくては、積極的に生きていくことができません。優越感、自負心、自信、誇りなども自尊心と同じで何らかの意味で自分自身の価値づけに関係するものであり、自己評価的な意識と総称することができます。

　このため、他者から何かのことで褒められたり批判されたりすると、そのことについて自信がついたり自信がゆらいだりするだけでなく、関係のないことまで含め、言わば自分自身の全般にわたって、自信がついたり自信がゆらいだりします（なお、批判されたことによる自信喪失のほうが、一般的により一層強い形で生じると言われています）。こうした自己評価的意識は、いずれも我々の精神生活において非常に重要な位置を占めています。

　また、この自己評価意識に、過去経験を構造化した認知的枠組み（自分自身についての知識）を持つこと（自己記述）で自己概念が形成されるとするならば、従業員（部下）に内在する問題点の発見と問題解決への手がかりは従業員（部下）自身につかませることが必要となります。

　したがって、自己評価は、部下が自分のことを再認識し、自己理解する機会となり、この自己理解こそ、次なる自己向上の足場となるのです。

2 フィードバック

① フィードバックが必要な理由

　部下にも、部下自身が気づいていない事実があり、これが部下の自己理解を妨げる場合もあります。上司が見ている事実はあるが、その事実に部下は気づいていない、ゆえに部下は伸び悩んでいるという状態です。そこで、部下の自己評価に表れていない事実について気づかせるのです（真のフィードバック）。

　ドラッカーは、『現代の経営』において、「できないことは、することができない。しないことについて、何かを達成することはできない。人は強みを生かして初めて何かをすることができる。何かを達成できる。したがって、人の評価は、できることを引き出すものでなければならない。その人の強みを知り、理解して初めて『彼の強みを生かしてさらに進歩させるためには、いかなる弱みを克服させなければならないか』を考えることができる。弱みそのものは、通常、誰の目にも明らかである。しかし、弱みにはいかなる意味もない。重要なことは、さらによく行い、さらにより多くを知り、さらに成長していきたいという欲求である。それらの欲求が、より優れた、より強い、より成果をあげる人間をつくりあげる」と、自己理解・他者理解の大切さを説いています。これは、ジョ・ハリの窓[※7]も同じです。

※7　ジョ・ハリの窓とは、アメリカの心理学者ジョセフ・ルフトとハリー・インガムが唱えた、「対人関係における気づきのグラフモデル」である。

●ジョ・ハリの窓●

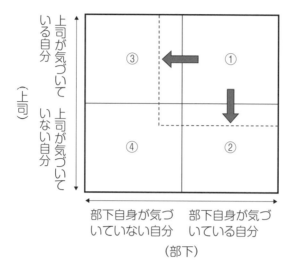

(注)　①〜④はそれぞれ以下の内容を示す
　①　明るい窓：自分もわかっており、他人も知っている自分
　②　隠された窓：自分にはわかっているが、他人にはわからない自分
　③　盲目の窓：自分は気づいていないが、他人が知っている自分
　④　未知の窓：自分も他人も気づいていない自分

　なお、アメリカではプライバシー法により、従業員は自分の人事情報にアクセスする権利が保証されており、人事考課の結果は本人に必ずフィードバックしなければならず、これをしていなければ解雇訴訟になった時に会社が不利になります。このため、被考課者の納得を促進する各種の考課ツールを開発していますが、人事考課に絶対はなく限界があり、結果として管理者は大きな手間とコストを負うことになっています。

② フィードバックの効果

　フィードバックの効果について、120名の被験者を3グループに分け、12回のゲームを実施した実験があります。

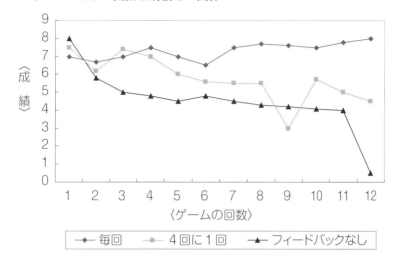

●フィードバックの回数と成績との関係●

〈成績〉

〈ゲームの回数〉

◆—毎回　■—4回に1回　▲—フィードバックなし

　目標に少しでも近づこうとする努力を本人が維持している限りは、フィードバック後も以前の作業レベルを維持させることは可能とされていますし、また、フィードバックが遅れると、行動と結果との関係が不明瞭になり、適切な行動の修正ができなくなってきます。そのため、フィードバックは多めに、早めにすることが重要ですし、何よりもフィードバックは部下とのコミュニケーション促進による信頼関係構築のための潤滑油にもなるのです。

❸ 進歩の遅い従業員へのフィードバックの効果

　ある実験で、10分間で70問以上解くことを目標に、1桁の数の簡単な足し算作業を参加者に課しました。5分経ったところでいったん作業を中断して、それまでの作業量をフィードバックします。それから、引き続き残り5分間の作業を行わせました。

　作業終了後、始めの5分間の成績をもとに、参加者を進歩の早いグループ（高進歩群）と、進歩の遅いグループ（低進歩群）とに分け、フィ

ードバック前後5分間の作業成績を比べてみました。すると、後半5分間での成績の伸び率は、低進歩群のほうが、高進歩群を有意に上回っていたのです。

さらに、フィードバック前の作業結果に対する満足度、およびフィードバック後の作業に対する打ち込みの程度を調べました。

● 進歩の度合によるフィードバック効果のちがい ●

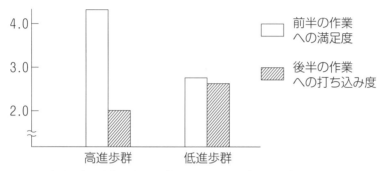

出典：古川久敬・角山剛『変革時代のリーダーシップ』P.124

高進歩群では、前半の満足度は高いものの、後半の作業に対する打ち込み度は低くなっています。このグループは「うん、これならそんなに焦らなくとも、後半は大丈夫だ」と判断し、前半と同じくらいのペースで後半の作業に取り掛かります。

これに対して低進歩群では、前半の満足度は低いのですが、「なんとか頑張って、前半の遅れを取り戻そう」と考え、後半の打ち込み度は高くなるという結果が示されました。つまり、フィードバックによって、低進歩群の作業へのモチベーションが高くなったのです。

また、次のような実験もあります。

大学生に簡単な作業を15分間やらせ、5分後、10分後に結果をフィードバックします。作業終了後、始めの5分間の成績をもとに、進歩の早いグループと、遅いグループに分けて、その後の成績の伸びを比べました。

第7章　自己評価とフィードバックの実際

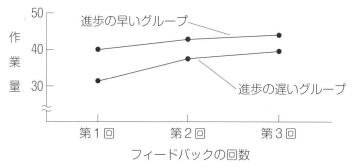

●進歩の遅速とフィードバック効果との関係●

進歩の早いグループ

進歩の遅いグループ

作業量

フィードバックの回数

出典：古川久敬・角山剛『変革時代のリーダーシップ』P.127

　進歩の遅いグループのほうが、フィードバックを与えられるごとに高い伸びを示しています。つまり、目標達成をあきらめないかぎりは、進歩の度合いの遅い者ほど、フィードバック後の達成目標をより高い方向に修正することが必要となります。したがって、努力の量もそれだけ増すわけです。

　組織は、進歩が早い従業員ばかりで成り立っているわけではありません。これらの実験結果は、進歩が遅い従業員を問題社員として切り捨てず、粘り強くフォローすることで、組織全体の生産性の底上げができることを示していると言えます。

 考課結果の提示

　今後の労務管理全体の運用を考え、被考課者の不信感や自己防衛的な精神状態を避けたい管理職（考課者）の気持ちもわかりますが、どこまで精緻に考課をしたところで完璧ではないことへの不安もあるでしょう。しかし、やはり人事考課を何のためにするのか、その原点に戻るべきです。

　そのために重要なことは、従業員の批判に応えられるような考課を実施し、その結果を積極的な効果を発揮するよう提示することです。優れた考課者により、ルールに則り正しい考課が申し開きの立つ方法で実施

されることが求められます。

フィードバックの方法

　フィードバックのやり方がまずければ、逆に誤解と不信を招くことになります。このため、フィードバックには準備も含めて多くの時間と努力が求められます。

　フィードバックの意義は、単に問題点の指摘にとどまらず、事態の改善について話し合い、今度どのように改善に取り組めばよいかについて部下とともに考え、改善の実行に取り掛かれるようにすることにあります。このためフィードバックは、結果よりもむしろ原因に目を向け、特に原因については、１つひとつ仕事ごとに解明していくといった基本的な姿勢が望まれます。部下その人ではなく、部下の具体的事実としての言動に注目することが必要です。十分な時間をかけて、話すよりは聴くように、議論よりは理解を深めるように、過去の批判よりはより良き将来の建設を目指すようにして話し合うことです。

　また、繰り返しになりますが、考課の目的についてフィードバックを通じて理解させることも必要です。考課結果は、考課者の主観に基づくものではなく、会社の方針の下に、勤務の事実に基づいてなされたものであることを理解させ、フィードバックの最後に再度、経営方針・経営戦略とこれに対する役割を互いに確認することも重要となります。

自己評価と上司の評価に違いが出る原因と対策

　そもそも自己評価は、部下に内在する問題点の発見と問題解決への手がかりを部下自身につかませることにあります。自己評価は、部下が自分のことを再認識し、自己理解するチャンスとなります。この自己理解こそ、次なる自己向上の足場となるのです。

　そこで違いが出る原因として、次の４点があげられます。

① 考課基準の曖昧さや考課基準の理解不足
② 上司と部下とのコミュニケーション不足
③ 自己理解の不足
④ 自己防衛あるいは逃避スキーマ

それぞれの対策については、次の通りです。

(1) 考課基準の曖昧さや考課基準の理解不足についての対策

考課基準の曖昧さについては、制度そのものに関わることであれば、評価およびフィードバックが終了した段階で、会社で制度の見直しにかかるようにします。

そうではなく、目標設定の段階で上司と部下との間で共通認識ができていないことによる基準の理解不足であれば、これは目標設定の仕方に問題があります。これは、目標設定時に、期待目標と評価基準を明示し、そのうえでこれを達成するための1つひとつの問題に対する原因を分析して目標設定することを怠っていたか、問題解決の段取りづくりを部下に考えさせず押し付けてしまったことによるものです。

また、評価のフィードバックの際には、評価ルールについての理解を確認し、その理解不足がある場合には、評価の目的、評価基準および方法、評価プロセスについて説明した後に評価をフィードバックすべきです。

(2) 上司と部下とのコミュニケーション不足についての対策

コミュニケーション不足から、部下と上司がフィードバック内容の意味をそれぞれ違ったふうに理解しているようでは、その効果はほとんど失われてしまうことになります。したがって、部下も上司もその意味を

はっきりと理解できるような言葉、すなわち両方に対して同じ意味を持った表現を心掛けるべきで、これは目標設定時にも同じことが言えます。

(3)　自己理解の不足についての対策

すでに述べたように、部下にも、部下自身が気づいていない事実があり、これが部下の自己理解を妨げる場合もあります。上司が見ている事実はありますが、その事実に部下は気づいておらず、そのため部下は伸び悩んでいるという状態です。そこで、部下の自己評価に表れていない事実について語り、気づかせるのです。これを真のフィードバックといいます。

(4)　自己防衛あるいは逃避スキーマについての対策

すでに自己防衛については述べましたが、自我が自分を現実から守るために無意識にとる思考パターンで、精神的破たんを避けるための心の動きをいい、考課者と被考課者の双方に起きるものです。

これに関しては、考課者は、いろいろと質問したり説明したりしたい気持ちを抑え、また、相手を尊重する気持ちを言葉以外の思いや表情・態度で伝えるなど受容（無条件の肯定的配慮）・傾聴・共感の姿勢を見せることが必要となります。

7　フィードバックの基本ステップ

いくら日頃コミュニケーションをとっていても、面接となると改まって緊張するものです。このため、十分に時間が取れる時間帯を選び、リラックスできる環境を整えたうえでフィードバックを行うことが大切です。フィードバックには、以下の7つのステップがあります。

STEP 1 リレーションづくり

フィードバックの導入部分として、「最近、〜はどうだ」などと雑談から入り、対話の雰囲気づくりをしましょう。いきなり脅かしたり、とがめたりすることは厳禁です。

STEP 2 部下の自己評価を聴く

雰囲気づくりができたら、「最初に目標を確認しないか」「この結果について君の考えを聴かせてくれないか」と、まず期初の目標を確認し、自己評価について部下に話をしてもらいます。

受容的、支援的な態度で部下の意見を傾聴し、結果だけでなく、プロセスにも耳を傾けることが大切です。また、部下の自己評価に対する異論があっても、このステップはこれに対して上司が意見を述べる場面ではないことに注意します。

STEP 3 管理者の評価を述べる

目標達成には十分な褒め言葉をかけ、精神論で終わることがないよう、目標面接で決めた基準に従い、観察によって収集、整理された事実に基づき明確に、合意を得ながら進めます。

STEP 4 優れていた点を伝える

「君は〜については十分に力を発揮してくれた」「〜を頑張ってくれたね」と具体的にフィードバックすることが必要です。優れていた点、努力した点を認め、特に部下自身が気づいていない点に注目し、褒めるとさらに効果的です。

STEP 5 改善点を明確にする

「君に改善してもらいたい点が●点あるのだが、まず〜についてはどう考える」「〜の原因は何か聴かせてくれないか」など、改善を促す点を明確に示し、部下自身に問題点を気づかせるように話をすることが大切です。この段階は、お互いに自己防衛的な構えになりやすいので、話が食い違う部分的なものについては後回しにして、合意できることから

話し合い、積み上げていくことが重要です。無理して話を進めることで、押し付け、説得する場となってしまっては改善のアイデアを出す気も失せてしまいますので、ここは時間をかけて進めるステップとなります。

STEP 6　育成点を話し合い、合意する

　自己肯定観を持たせるよう「この点は自信を持っていい」、改善意欲を持たせるよう「これを改善するにはこういう方法があるが、君はどう考える」「〜について君の考えを聴かせてくれないか」と、改善点について率直に話し合い、どうするかを具体的に話すことが大切です。

　2人で考え、解決していく姿勢を示し、決して自分の考えを押し付けないことです。また、部下に話し合った内容をまとめさせることが重要となります。

STEP 7　クロージング

　次期への今後の期待を述べ、激励すると同時に、「〜までには中間報告をしてくれないか」「何かあれば、すぐに相談してくれ」と今後の支援を約束し、孤立感を与えないようにすることが重要です。

⑧　部下の自己評価と上司評価の照合、確認

　アメリカの心理学者アロンソンとリンダーは、対人間の好悪には複雑な関係があると考え、ミネソタ大学の女子学生80名に対して評価のプラス・マイナスと好意の相互性についての実験（好意の返報性実験）を行い、人は好意を示されると、その相手に好意を返すようになるという結論を得ました。

● アロンソンとリンダーによる実験結果 ●

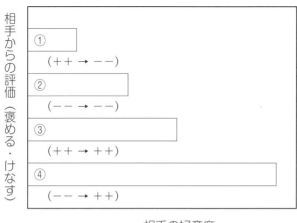

相手からの評価（褒める・けなす）

① (＋＋ → －－)
② (－－ → －－)
③ (＋＋ → ＋＋)
④ (－－ → ＋＋)

→ 相手の好意度

(注)　褒めるを「＋」、けなすを「－」とした場合、①〜④はそれぞれ以下
　　の内容を示す
①　最初褒めて、次第にけなす（＋＋－－）
②　最初から終わりまでけなす（－－－－）
③　最初から終わりまで褒める（＋＋＋＋）
④　最初けなして、次第に褒める（－－＋＋）

　この4つの褒め方の場合、相手からの好意は④→③→②→①の順に高
いという結果となります。つまり、一貫した好意的評価を受けている場
合よりも、それまで悪かった評価が、ある時点から好意的評価に変わっ
た場合のほうがその人に好意を持つし、逆に、一貫した非好意的評価を
受けている場合より、最初好意的だった評価が途中から変わって非好意
的になったほうが好意度は減少するという結果となりました。
　フィードバックの基本的手順もこれに沿っており、部下にどのように
受け止められ、影響を与えたかを知らせることで、行動変容を促すこと
を援助するようにしなければなりません。

⑨ 負のフィードバックは慎重に

　負のフィードバックが与える影響について、次の実験があります。

　まず、大学生が2つのグループに分けられ、パズルを与えられます。一方のグループには難しいパズルが与えられます。そして、解決に成功しても、「解けてはいるけれど、所要時間が平均より遅い」といったフィードバックが与えられ、また、失敗した場合には「ほかのほとんどの人は、この問題を解いているけれど、まぁとにかく前に進みましょう」というフィードバックが与えられます。つまり、このグループには、パズルが解けても解けなくても、負のフィードバックが与えられます。

　もう一方のグループには、易しいパズルが与えられます。そして、解けても解けなくても、フィードバックは一切与えられません。

　実験終了後、学生たちは一定時間、別室で待つように指示されます。その部屋には雑誌やゲームの類とともに、実験で使用されたのと同種のパズルも置かれています。この間、学生たちは何をしてもよいことになっています。

　このときの別室での学生たちの行動を分析したところ、負のフィードバックが与えられたグループは、フィードバックが与えられなかったグループに比べ、別室で待つ間に同種のパズルを解くのに費やされた時間の総量が明らかに少なくなっていました。さらに、失敗によって負のフィードバックが与えられた場合には、パズル解きに費やされた時間の総量は最も少なくなっています。

　別室で待つ間の自由時間内に自発的にパズルに取り組むことは、内発的動機づけの表れとみなすことができます。つまり、この実験結果は、負のフィードバックを与えられた場合には、内発的動機づけが明らかに低下したことを示しています。

　従業員が目標達成へ向けて執拗な行動をとるためには、自分の行動に付随して生まれてくる達成感や充実感、行動そのものへの興味などの内発的モチベーションの強化が必要です。このためには、負のフィードバックは避けなければならないことがわかります。

●負のフィードバックと内発的モチベーションの関係●

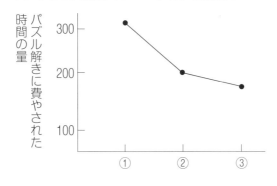

①フィードバックなし
②ことばによる負のフィードバック
③失敗による負のフィードバック

出典：古川久敬・角山剛『変革時代のリーダーシップ』P.170

⑩ 個人の学習過程

　人間は経験によって新しい行動を身につけたり、それまでとは違う行動をするようになり、また、訓練や報酬などの強化因子を与えるなどの条件づけをすることによって新しい行動へと変化するという学習理論があります。

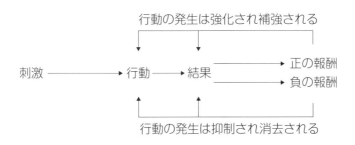

　これは、問題行動を起こす原因となっている不適切な三項随伴性（先行刺激→行動・反応→結果・強化因子）を分析し、望ましくない行動を

消去し、望ましい行動を効果的に学習させることができます。

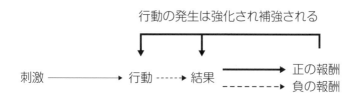

　しかし、たとえば上図のように、管理者がある事柄の実行を部下に指示（刺激）したにもかかわらず、部下が指示通り動かず（行動）、業績も上がらない（結果）場合、この結果に対して、管理者がフィードバックによって適切な負の報酬（たとえば、口に出して厳重に注意したり、指導したりするなど）を与えれば、その部下の望ましくない職務態度と行動は弱められ、ついには「消去」されるはずですが、この部下の怠業に対して負の報酬を与えないとすれば、これは結果的に正の報酬を与えることと同じ意味を持つことになり、いつまでも部下の望ましくない行動は改まらないということになります。

　このため、個人の学習を促進するためには、学習の初期の段階では、①学習者が欲している、あるいは価値を置いている報酬を選び、②望ましい行動や結果が出現した直後に（これによって行動と報酬の関連が意識づけられる）、③できるだけ多く与える必要があります。

　しかし、行動がいったん十分に学習された後は、報酬を与える頻度を逓減していくことが望ましいです。なぜならば、絶えず報酬を与えていくと、報酬なしでもその行動を行うという自発性がいつまでも芽生えず、また報酬を与えないことがしばらく続くと、その行動が急速に消去される可能性も高いからです。

第8章

人事考課者たる
管理監督者の姿勢

1 管理監督者は フィロソフィを持て

　人事考課・目標管理制度は組織運営のためのシステムであり、管理監督職のマネジメント・ツールであることはすでに述べた通りです。

　しかし、制度を構築し、人事考課者訓練をしても、活用する側の管理監督職のマネジメントに対する考え方、行動が変わらなければ何の役にも立たないのです。

　人事考課者訓練の場は管理監督者教育の場でもあり、人事考課のテクニック論よりもまずは管理監督者の役割について確認する必要があります。

　管理監督者は、管理のサイクルに従って、業務を遂行していく責任、人材を活用する責任と業務改善の責任を負っています。部下は管理監督者を通じて組織と結びついており、管理監督者が機能しなければ部下は組織のなかで位置づけられた役割を果たすことはできず、その結果、組織を維持できなくなるのです。

　あらゆる管理監督者は「部下を成功させる（期待される結果を部下を通じて達成する）」役割を担っています。あらゆる業務を通じて、管理監督者はこのフィロソフィを持たなければなりません。

　ただ、制度を導入したからといってこのような管理監督者のフィロソフィや能力が変わるわけでもありませんし、教育訓練を実施したところですぐに能力を開発できるわけでもありません。これは従業員の能力についても同じですが、必ずと言ってよいほど従業員は反発します。

　このため、労使協調して制度運用することの目的を共有化し、反発・抵抗を乗り越えなければいけません。これまで自分に甘かった経営者、管理監督者は反省し、管理者として自覚し、律しなくてはなりません。これまでのように放任的な管理は、管理指導責任の放棄であり、相手が新人であれば特に問題は大きくなります。

「信じて任さず」、権限委譲をしても最終結果についての責任は上司が負わなければならないことを自覚し、結果を出すまで指導監督をすることです。

　必要なことは、制度の導入および改定と同時に、従業員を動機づけするために経営者、管理監督者がリーダーシップを発揮することであり、そのための信頼関係を再構築し、健康的な職場をつくっていくことだということを忘れてはならないのです。

　人間は機械ではなく、考え、感じる生き物です。好意に対しては良い反応をしますし、期待され、絶えず励まされれば生産性は向上するものなのです。

　経営戦略を人事制度に落とし込む仕組み（ハード）に頼るだけではなく、ソフト面、つまり管理監督者は目標を持ち、それぞれの部下とひざを交えて話し合い、部下に期待するものが何であるかということを、1人ひとりにはっきり注意深く目標を示し、じっくり理解させ、動機づけしていくことを認識することが必要です。

2 リーダーシップは 現場で発揮しろ

　作成した行動計画を確実に実行に移すためには進捗の確認が必要であることはすでに述べた通りですが、従業員にとって、目標が肌で感じるものになっていなければなりません。実際に、従業員に目標を確認してみてください。もし自分の目標を言えるようなら、それは現場での強固な信頼関係のうえに管理監督者のリーダーシップが発揮されているものと判断できます。

　このようなリーダーシップは、部門長は1か月単位で管理者と、管理者は1週間単位で監督者と、監督者は日々一般従業員と目標を確認し合い、従業員1人ひとりが今日あるいは今、何を目標として仕事に、そして改善に取り組むかが確認できているということです。

　そして、職場で従業員を観察し、目標を達成すればその場ですぐに褒め、または改善すべきことも従業員と議論しながら確認でき、細かなアドバイスをしたり間違いをその場で修正させたりすることができ、その後の訓練もできている状態にあるということになります。

　しかし、果たして本当に管理監督者がここまでの観察をし、教え方をしているのかといえば、疑わしい限りです。現場、現物、現実（三現主義）から遠く離れ、営業であれば結果が出せない部下に同行訪問をすることもせず、生産現場であれば今となっては原因がわからない不良や苦情について噂話や憶測で部下に対し会議室で発破を掛けたり、叱りつけたりしてはいないでしょうか。あるいはひざを交えて話をせず、メールだけで指示を出し用件を片付けさせてはいないでしょうか。

　職務遂行能力の多くは、実際に見なければわからないものばかりです。知識であれば筆記試験をすればわかるでしょうが、それ以外の能力をどの程度持っているかについては、その場に立ち会い、言動を観察することではじめて判断できるものです。能力レベルに合わせて1つひと

つ知識を与え、行動させ、自己評価も含めて評価し、フィードバックすることです。この過程で会社の価値基準を植え付けることができ、意図的にさせる戦略的な行動と現場で起きたことを価値基準に基づいて判断し、主体的な行動ができる従業員が育つのです。

　人材を最も効果的に育成するのは管理監督者の役割です。部下に判断力を行使させ、部下自らを育成させるような仕事を与えるためには、管理監督者は時間をかけなければならないし、また忍耐力も持たなければなりません。任務を委任することは、とりもなおさず自己啓発を促進することになるのです。

3 管理監督者はイノベーティブであれ

① 管理監督者に求められるイノベーティブなリーダーシップ

　管理監督者の基本的な職務は、自分が責任を負う仕事を計画に従って円滑に進め、目標を達成していくことです。しかし、それだけでは成長はなく、より良い仕事の進め方はないか絶えず反省し、効果的に行う方法を工夫し、より良い進め方を追及していくことも大切な役割です。

　管理監督者は、日々の仕事の管理の過程で、「改善すべき点はないか」という問題意識を常に持ち続け、実行に結び付けていくようにします。

　そして、部下に改善させる場合には、部下自身に改善に関心を持たせ、取り組むように仕向けることが、管理監督者にとって重要な役割となります。このため、以下のことをしなければなりません。

- ・　部下に問題意識を持たせる
- ・　分析思考の奨励、指導をする
- ・　障害を除去する
- ・　部下の提案には耳を傾ける

　しかし、人間は誰も保守的で、新しい方法に反対するという自然の傾向があります。これは過去の経験から来るもので、自分の地位が危うくなるのではないかというおそれがあるからです。ある程度までは仕方のないことですが、経営環境は大きく変化しており、それに適合しなければ組織そのものが消滅してしまいます。これを防ぐためにも、まずは変わることへの抵抗をなくしていくことが必要となってきます。

　したがって、管理監督者は率先して新しい方法を導入しなければなりません。新しいやり方を実施するのが管理監督者の仕事なのです。これ

をイノベーティブなリーダーシップといい、リーダー自体の発想や行動が固定化しておらず、絶えず"ゆらぎ"（理念と危機感を常に与え続けること）を組織内につくることができる指導者精神のことを表します。

❷ 改善を成功させるポイント

改善策の良い結果、改善しない場合の悪い結果を考え、決定した最善策であると根拠をもって理論的、論理的に説明することは最低限のことで、やはり不安な感情を取り払うことはできません。したがって、抵抗感を持つ従業員の気持ちも十分に受け入れたうえで、相手の感覚と知覚に訴えて共感を得ることです。

基本的には、問題の発見、形成の段階から関係者全員に参画してもらい、自由に討議し、自分たちの置かれている状況についての共通認識を持つことです。

また、事が起きてからポジションパワーを振りかざして、押し付けたりうろたえたりすることのないように、日頃から部下の人間性を重視した管理姿勢を大切にすることこそが重要であると認識しておく必要があります。

3　管理監督者はイノベーティブであれ

第 9 章

第1章の各ケースの解答例

(1) 経営者の問題

① そもそもこの社長の、業績低迷についての「私が思ったように社員が働いてくれない」「(社員の)やる気がないのでは」との判断が間違っています。人事コンサルタントが社員にインタビューをした結果、能力ややる気がないわけではないことはわかっています。

業績が低迷しているのは、戦略がないこと、特にマーケティング・営業戦略および新商品開発や企画提案営業など、営業戦術そして営業活動管理の乏しさから生じていることが多いにもかかわらず、社長は自らの戦略、リーダーシップのなさを棚上げし、社員のやる気にのみ問題を感じていることが大きな問題なのです。

② 社長が社員の賞与額を見て、「低すぎて辞めるのでは」との不安から賞与額を上乗せしたことについては、温情かもしれませんが、いずれこの情は仇となって返されるだけです。過去との決別は、まず経営者から始まります。まずは業績低迷の責任の所在を明確にすべきであり、人事コンサルタントは、引き受けた段階で経営者とは厳しく接する必要があります。

(2) 人事コンサルタントの問題

① 顧問税理士が経営者の意見を鵜呑みにし、人事コンサルタントを紹介したこと自体が問題ではありますが、ここでは人事コンサルタントの対応のみについて述べます。

社員に対してインタビューをしたことは、現状把握という意味では正解です。しかし、社長の想いや社員に期待することを評価の基準にしたことは非常に稚拙です。そもそも、社長の想いや期待はすでに業績低迷を招いており、これを基準としたところで何も変わりはしないのです(コンピテンシーを問題の本質を理解していない社員に選ばせ、基準をつくるという手法も、これとまったく同じです)。この部

分については、まず経営戦略・経営計画の策定が必要であると認識すべきであり、これができない場合に専門家の力を借りることです。

② 相対区分考課を導入した目的は何でしょうか？ 業績が悪いなかでもSやAを出し、彼らを評価し、他の者にやる気を出させるためでしょうか。

経営戦略もなく、経営計画もない会社には、社員の目標となる基準がありません。つまり、評価そのものが曖昧となり、そのうえでの相対区分評価となることから、非常に公正さに欠けています。

中小企業だからこそ、人事考課は、やはり絶対評価の絶対考課を追求すべきです。

③ 人事考課結果が出ているにもかかわらず、社長が社員の賞与額を見て「低すぎて辞めるのでは」との不安から規定を守らず賞与額を上乗せすることは、経営者としてのフィロソフィのなさを物語るものです。このような経営者の下でどのような制度を構築、導入しても目的に沿った運用は不可能であり、このことはますます社員の士気を下げることになるため、人事コンサルタントとしては規定を守ることができなかった社長への指導、対決、そして撤退も含めて関与の仕方を再検討する必要があります。

(1)　人事コンサルタントの問題

　このケースは明らかに人事コンサルタントの能力不足です。まず定番である制度の導入については、制度を構築したとは言えないレベルで、指導にはなりません。

　一方的な説明会ではなく、運用ができるまでは、何度も説明会や会議を実施し、目標管理シートの個別添削まですることです。社員の生活費に関わることでもあり、その自覚が必要となります。

　しかも、明確な職務につながらない職能資格制度を構築し、全社員に対して目標管理制度を導入し、単にシートを書かせただけのコンサルティングは無責任極まりないものと言えます。

(2)　社員個々の問題

　導入された制度の理解不足については、すでに述べた人事コンサルタントの問題とし、ここでは目標管理制度の運用上の問題に絞って述べます。

　目標管理制度の使い方には決まりはありませんが、基本的に自己統制ができる社員が対象となります。

　A氏のように定型作業が中心で、担当職務の範囲内での簡単な改善（整理整頓だけでは改善とも言い難い）では、そもそも何のために目標管理制度を導入するのかという目的そのものが見失われることになります。C氏も同様です。

　その反面、B氏は自分に厳しく、目標達成できなかったことから評価Cとしたことについては基準通りの判断であり、評価できます。しかし、B氏がその原因を「不景気のためで、自身の行動に問題はない」と納得していないことについては、目標設定した際の予見あるいは上司のフォローに問題があるということが判断できます。

　経営戦略に同期化していない職能資格制度では、外部条件の変化であ

る「中間項」として当人の責めに帰する問題ではないと認識し、業績評価を調整するとされていますが、このようなことをしていては業績の上がらない理由を外部の要因にばかり求め、自責化することをしない社員が蔓延してしまいます。

　外部環境は読みにくいからこそできる限り先読みし、経営戦略を策定し、また行動管理をしていくのですから、逆にこの中間項という考え方をできる限り排除するようにまずは経営管理するものと考え、人事制度を構築、導入すべきです。

Case 3

(1) 経営者の問題

これは組織目標と成果の不一致が起こり経営革新を阻害する官僚制の逆機能の1つで、部門ごとの目標の部分最適化（組織全体目標よりも部門目標優先）が起こっている現象ですが、部門責任者は目標の内容は別として会社ルールには従って目標を設定し、提出していると真剣に思っている状態です。

経営者自身が改善を行えると判断しているところに大きな問題がありますが、1つひとつの改善の積み重ねが大きな革新の原動力となることを理解できない場合は、どちらかが去るしかありません。

この会社の場合は、業績を落とし続けている経営者が自ら責任をとるべきで、責任をとらない経営者は、社員に期待すべきではありません。

(2) 目標内容の問題

スタッフである品質保証部の目標はライン部門が果たすのであり、そのために何を支援するかが目標の内容となります。三現主義（現場、現物、現実）を重んじず、会議室で資料を分析し、真因を追及できていないにもかかわらず、書面だけで適当に事を済ませようとしています。現場に技術者と一緒に出向き、どれだけ真因について支援できるか、品質が維持できるような条件や環境を側面から支えていく動きをできるかが目標となります。

真因を追及できていないから、設計部もいつまで経ってもその対策に振り回されることになるのです。営業部も同じです。

ただ、営業部に関してはこれだけの問題ではなさそうで、そもそも御用聞き営業であったために、コンサルティング営業がまったくできていないどころか、そのやり方をまったく知らないことがあります。この場合、目標設定の前に、知識を習得させ、実際にケースを活用した企画提案書の作成体験やロールプレイで実践力を習得させるなどの教育訓練を

したうえで企画提案営業プロセスを設定しておかないと、目標設定は絵に書いた餅となってしまいますので、これを理解し、プロセスを設計できるコンサルタントの支援が必要となります。

(3)　組織構造上の問題

　アメリカの社会学者ロバート・キング・マートンが、官僚制組織が衰退する原因として、「官僚制の逆機能」（①訓練された無能、②最低許容行動、③顧客の不満足、④目標置換、⑤個人的成長の否定、⑥革新の阻害）が起きることを明らかにしています。

　これは、官僚制によって従業員が、最低許容範囲の行動しかしないことや、各部門の利益ばかりを考えセクショナリズムを生み出すことから、責任の回避、権威主義といった欠点となるというものです。従業員が目標設定するものの、結果として、顧客満足の追及からはかけ離れてしまい、業績は低下していくことになります。

　したがって、何よりも経営者はこれまでの経営姿勢を反省し、経営の原点（企業理念）に立ち返り、全従業員が顧客価値創造の視点から個々の役割を再確認する場の設置が必要となります。このため、部門横断でのクロスファンクショナルチーム（CFT）を立ち上げ組織構造改革を促し、結果として役割デザイン・マトリックスへの展開をしていかなければならないことから、人事コンサルタントの役割は重要となります。

　間接部門の役割は確かに縁の下のものではありますが、だからといって「全社業績次第」の評価では士気は低下してしまいます（実際に、「どうせ販売高は目標にいかないんだから、言われたことをすればいいんですよ、私は……」が間接部門管理者の口癖となっていました）。

　しかし、この会社の総務部の仕事は、それ単独でも十分に数値として表されるものです。つまり、資金調達における利下げ、資金運用における受取利息の増大などのほか、不動産管理による貸部屋の稼働率の向上による賃料の維持、向上など経営数値に直接的に反映できる目標もあります。

　また、人材育成についても、定着率の向上や社員のコンピテンシー・レベルの向上、社員満足度の向上など間接的にでも数値化できる目標は設定できますし、自部門の稼働時間の短縮やコストダウンにつながる動きを数値化することも可能であり、知恵を絞るべきところです。

　これは導入、運用に成功したケースであり、Case 1〜4との違いを明らかにしていきます。

　コンサルタントは賃下げの依頼を受けていますが、そこには着手することなく、まずはこの会社の経営課題の把握に努めています。

　これがCase 1との大きな違いです。Case 1にあったように、コンサルタントに戦略性がなく、思いつきの経営者の言いなりになって何かに取り組むなら、その結果は失敗に終わるでしょう。しかし、このケースでコンサルタントは、この会社の本質的な問題を探ることから入ったのです。

　その結果、市場での競争を知らない従業員たちを相手に賃下げはできないことから、まずは全部門リーダーで部門横断のプロジェクトチームをつくり、経営環境分析をさせています。これによって自分たちの置かれている環境と今の力を認識することができ、それがこれ以降の改革の基盤となりました。

　そして経営課題を整理し、目標、課題を設定したうえで、リーダー以上で目標管理制度を運用しました。外部環境は確かに読みにくいですが、自分たちがここまで議論し、やることを決めたのだから、これを実行すれば必ず良くなると思うことが改革には必要なのです。

　また、コンサルタントは人事考課者訓練だけでなく、日々の指導のなかでも「目標を達成してはじめて評価B」ということを徹底しました。評価してほしいという従業員の思いを理解しながらも、「世間ではやって当然であり、今以上に良くなりたいならその程度のことで満足するな」と叱咤激励したのです。

　ただ、ケースにもあるように、いくら訓練をしたからといって、導入当初は部下評価に対する自信がすぐにつくはずはありません。これに関しては、自信がつくまでやるしかありません。この会社ではその後、考課者訓練を再度行っていますが、これはもうすでに1度訓練を行っていたのだから、実際にフィードバックをし、その怖さを知るということだったのかもしれません。

いずれにしてもその後、評価に関する問題点があれば団体交渉の議案にもあげられ改善もされていますが、労働組合側も「目標達成できて評価B」であることは十分認識のうえで議論しています。

　ただ、コンサルタントがもし評価に納得していない社員の意見を現場に出向いて聞いていなかったとしたら、この会社はどうなっていたでしょうか？　深く関与できないコンサルタントであれば、人事評価委員会での上辺だけの議論で煙に巻かれ、人事考課制度も会社も崩壊に向かっていったかもしれません。

　人事制度相談窓口を設ける場合がありますが、これが機能している話を聞いたことがありません。むしろ、相談窓口を設けたことによって、評価能力の低い管理監督者の評価能力が向上しないことを、労働組合から経営側に対する格好の議題としてあげられる始末です。この意味で、人事制度の構築、導入についてはやはり第三者の存在が必要でしょう。ただし、その第三者には現場の従業員をも巻き込めるコンサルティング力が必要であるということは間違いありません。

第章

人事考課者訓練ケーススタディ

◆ 東日本病院 本部総務人事課のケース ◆

　次の東日本病院の本部総務人事課のケースを読んで、小島聡君を評価してください（解答例は日本法令ホームページ（https://www.horei.co.jp/book/book_contents.shtml）よりダウンロードしてください）。

《登場人物》

●小島　　聡

●西村　　豊（総務人事課長）

●堀　　信一（総務人事課の先輩）

●森岡　浩一（地域連携室　高校の後輩）

●三ツ星　みゆき（看護師　同期）

●松木　　清（理学療法士　同期）

●佐藤　　登（地域連携室長）

●中山　敏行（自治会長）

《小島聡君のプロフィール》

　小島聡君は東日本病院の本部総務人事課に配属されて6年目、総務人事課の中級職で、総務人事課の仕事を一通り理解し、上司である西村課長に指導されることなくおおよその仕事ができるようになりました。先輩には、堀信一さんがいます。

　小島君は、職員の勤怠管理業務、給与計算業務、社会保険関連業務、雇用保険関連業務、年末調整業務、広報誌作成業務を主に担当しています。人数の少ない本部のため、当然、初級職員の仕事もこなしていました。性格はめっぽう明るく、社交的で誰とでも仲良くでき、行動力もありますが、感情的になりやすく、やや軽率な行動をとることもあり、西村課長からはよく注意をされていました。

ある年の9月15日の夕方、小島君は西村課長から呼ばれ、
「小島君も入って6年目になるね。うちの仕事にも慣れ、法人にどんな仕事があるかわかるようになったよね。人事考課制度も整い、いよいよ法人独自の能力開発体系をつくろうと思っているのだが、君にも手伝ってほしいと思っている。そこで、どのようなことから取り組んだらよいか一度考えて、今月末までに私に提案をしてくれないか。もしわからないことがあれば、先輩の堀君や私に聞いてくれ。頼んだぞ」
と指示を受けました。小島君は、"そうだな、僕もおおよそ職員がどんな仕事をしているかわかったから、少しまとめてみよう。同期で看護師の三ツ星さんや理学療法士の松木さんにも聞いてみよう。後輩で地域連携室にいる森岡君に聞くのも面白いな。うーん、面白くなってきたな、よしやってやるか…"とやる気満々でこれを引き受けました。

　小島君はすぐさま、組織図を見ながら自分の同期や自分の後に入局した後輩を洗い出し、能力開発ニーズを吸い上げるための準備をしました。小島君は"そうだ、まずは明日、高校で同じ野球部だった後輩でもある、一番話が聞きやすい森岡君に聞いてみよう"と思い、その日の業務を終え、帰路に着きました。

　翌日、小島君は出勤するやいなや、地域連携室の森岡君を訪ねました。森岡君は上司の佐藤室長から指示された午前中までの仕事に追われ、忙しそうにしていたところでした。
（小　　島）「森岡君、今、少しいいかい？」
（森　　岡）「あっ、どうも。バタバタしてますけど、何でしょうか？」
（小　　島）「職員の能力開発体系をつくることになって、君から少し意見を聴きたいと思って来たんだ。君、入局して2年目だけど、今どんな研修を受けてみたい？」
（森　　岡）「研修ですか。うーん」
（小　　島）「何かあるだろう」
（森　　岡）「うーん、そうですね。あえて言うと、医療法の動向ですかね」

（小　　島）「他は？」

（森　　岡）「いや、まだ地域連携の仕事もすべてをわかってないし、勉強も好きでないからいいですよ。勘弁してくださいよ」

（小　　島）「そうか。勉強しろよな。大体、お前は昔から部活ばかりして、勉強をあまりしなかったもんな。しかし、懐かしいな。ところで最近、後輩たちの練習には参加してるのか？」

（森　　岡）「先週、高校に行って後輩たちを鍛えてやったところですよ。最近の奴らはすぐに音を上げるからだめです」

と、能力開発体系についての話ではなく、2人は今度は部活や高校時代の話で長々と盛り上がりました。

　地域連携室の佐藤室長や職員は、小島君と森岡君の話で気が散り、イライラしながらも業務に追われていました。

　しばらくしてようやく小島君は、「それじゃあ、まぁありがとう。また今度、呑みに行こうぜ！」と地域連携室を後にしました。

　小島君が退室するやいなや、佐藤室長は「長々とムダな話をする時間なんてないだろう。そもそも小島君は何の話で来てたんだ。能力がどうだとか、高校の後輩がどうだとか、朝一番で皆がバタバタしてるんだから、君も周りをちゃんと配慮しなさい」と森岡君を注意しました。

（森　　岡）"何で俺が注意されなきゃいけないんだ…"

　小島君は総務人事課に戻り、とりあえず森岡君の話をノートに控えました。「三ツ星さんと松木さんには午後からでないと話は聴けないだろうな」と思い、また、毎月行わなければならない給与計算の時期でもあったことから、午前中は給与計算のための給与控除や支給するためのリストの作成をすることにしました。これは毎月初めに、生命保険・財形貯蓄・損害保険・自動車保険の契約会社から給与天引リストが届き、それをもとに給与天引控除リストと医療費補助リストを作成するという手間のかかる作業です。

　小島君は、リストを作成している途中で、看護師の神原さんのご子息の受診料支払いを証明する領収書で当院のものでないものが含まれてい

ることに気づき、神原さんに連絡をしましたが、忙しい最中で気が立っていたため、つい「いい加減にしてください。いつになったらルールを理解してもらえるのですか！」と声を荒げてしまいました。神原さんはルールを知らなかったわけでなく、つい混在させてしまっただけだったため、小島君の対応に憤慨し、口論となってしまったのです。

　これを横で聞いていた堀主任は電話を取り上げ、神原さんに謝罪するとともに小島君を叱り、とりあえずその場は収まりましたが、小島君自身は"僕が悪いんじゃない。間違ったのは神原さんじゃないか…。甘いんだ"と納得したわけではありませんでした。

　その後、小島君は順調に医療費補助リストの入力作業を終え、堀主任に確認してもらうため入力したリストを印刷し、堀主任に渡し、昼になったので食堂に向かいました。

　"食事をしたら、午後は三ツ星さんと松木さんのところに行かないと"

　昼食後、小島君は早速、三ツ星さんを訪ねました。忙しそうに業務の準備をしていた三ツ星さんは、突然の小島君の訪問に驚いたようでした。小島君は三ツ星さんにも森岡君と同じように質問をしましたが、看護部はすでにいろいろな研修に参加しているため、特に要望は出てきませんでした。

　その後、小島君は松木さんを訪ねましたが、患者さんの対応などで忙しそうにしていたため、話すらできませんでした。

　"明日だな。でも、思ったより厳しそうだぞ。さて、どうしよう…。困ったな"

　そう悩みながら部屋に戻ると、堀主任が怒っていました。

（堀 主 任）「どこに行ってたんだ。戻るの待ってたんだぞ。スマホにも出ないし」

（小　　島）「すみません。看護科とリハ科に行っていました」

（堀 主 任）「それなら、行き先くらい伝えて席を離れるか、紙にでも書いてわかるようにしておきなさい。どうも君はそういうことにルーズだ。それよりも、午前中に作成してくれたリ

ストだけど、2、3箇所入力ミスがあったから直しておい
たよ。私に渡す前に、自分自身でちゃんと確認をしたの
か？」

（小　　　島）「いえ、すみません。やっていません」

（堀 主 任）「そろそろミスなくこなしてくれよ。いつになったら正確
に入力できるんだい」

（小　　　島）「すみません。今後、気をつけます。ありがとうございま
した」（小島君は内心では、"忙しいんだから、そんなこと
ミスくらいするだろ。これくらいのことでごたごた言う
な"と思っていました）

　小島君は堀主任が修正してくれたという箇所を確認し、その日は帰路
につきました。

　翌日、小島君が出勤すると、すでに西村課長が来ており、中山自治会
長さんと話をしていました。

（西村課長）「小島君、ちょっと一緒に聞いてくれないか」

（小　　　島）「はい。何でしょうか」

（西村課長）「中山さんが、『朝、病院に出入りする車が危険なので、何
か考えて、対策をとってほしい』との話でいらっしゃって
るんだけど、君のほうで対応してくれないか」

（小　　　島）「はい、わかりました。やってみます」

（中山自治会長）「それでは、後はよろしくお願いします」

（西村課長・小島）「承知いたしました。早急に対応したいと思います」

　小島君は翌日、翌々日と朝早くから出勤し、日中の車の出入りの状
況、出入口を歩く住民や患者の年齢層や人数、自転車の流れやその量な
どを、さまざまな角度から調べました。また、車や自転車に実際に自ら
乗って出入口周辺を走り、車や自転車の死角になる箇所を念入りに調
べ、その後、3日ほどかけて分析し、病院とその周辺地図上にまとめ
て、対策を考え、対策書として西村課長に提示しました。

　西村課長はその出来栄えを評価し、対策についても、死角になる場所
にミラーを設置するなど多少のコストはかかるものの、稟議書を作成

第10章　人事考課者訓練ケーススタディ

し、承認を得るということになりました。

　それと同時に、西村課長は小島君に対し、「警備員に連絡し、対策を徹底するように」と指示を出しました。

　小島君はまず警備員を集め、説明すると同時に、実際に危険な場所をマークした地図を持ち、警備員と一緒に病院周辺を歩きながら、住民や患者さんの行動、車や自転車の死角を確認させ、警備の必要性を認識させるとともに、危険を予知できる住民や患者さんの行動がみられた場合の対応の仕方を指導し、マニュアルも作成しました。

　西村課長はこの成果を評価し、中山自治会長を訪れて説明し、自治会長に大変感謝されました。当然、この経過やマニュアルは衛生委員会の場でも披露され、小島君は称賛されました。

　ただ、この間、小島君は1つのことを後回しにしていました。

（西村課長）「小島君、自治会長がとても感謝してくれたよ。君の行動力、分析力にはいつも感心させられるよ。ありがとう。ところでなんだけど、先日頼んだ能力開発体系の企画書はどこまでできてるんだい？」

（小　　島）「あっ、もう少し時間が必要です（しまった、正直、忘れていたに近い…やばい）。でもなんとか今月末には間に合わせます」

（西村課長）「ところで、どんな手筈で進めているんだい？」

（小　　島）「いや、まだ…情報収集の段階でして…」

（西村課長）「先週、佐藤室長が"小島君に何をさせているんだい？うちに来て森岡君と話をしてたようだけど、森岡君に直接話すのもいいが、忙しい時間に長話は良くないし、困ったんだよ"と少し怒ってた感じだったけど。他部署に何か話をしに行くのだったら、その辺は上司を通すなど配慮はしてくれないと困るよ。頼んだよ。期限は今月末だからな。頑張ってくれよ」

（小　　島）「はい、わかりました。以後、気をつけるようにします」
　　　　　　"やばい、やばい。明日、松木さんのところに行くときは

　　　　気をつけよ"

　しかし、９月末までに残された時間は、気づけば残りわずか３日間と
なっていました。小島君は必死で考えました。
　これまでの各種委員会の議事録を調べ、今の職員に不足している能力
やこれから求められてくる能力は何なのかを自分なりにあぶり出し、ま
とめてみましたが、単に自分の現段階でわかったことをまとめただけ
で、それをこれからどう生かし、能力開発体系をつくるための手順を考
えたらよいのかまで踏み込むことができず、あっという間に９月30日
が来てしまいました。
　そして、悪いことは重なるもので、小島君は夜遅くまで頑張ったため
か、寝坊をしてしまい遅刻をしてしまいました。

　ばつが悪そうに挨拶しながら出局した小島君に、西村課長は声をかけ
ました。
（西村課長）「小島君、遅いぞ。例の件、早急に説明をしてくれるか」
（小　　島）「はい。実は、ここ数日ほど頑張ったのですが、自分自身
　　　　　　　で現状把握をするだけで終わってしまい…力不足のためこ
　　　　　　　こまでしかできませんでした」
と、昨夜遅くまで頑張って作成した、自身の現状認識までで終わった資
料を提出しました。
（西村課長）「なぜ、ここに至るまでに、一度も相談がなかったんだ
　　　　　　　い。堀君にも相談をしなかったのかい」
（小　　島）「はい。そうなのですが…」
（西村課長）「大体、君は時間管理が甘く、まずもって、計画が立てら
　　　　　　　れていなかったんじゃないか」
　西村課長の言う通りだったので、小島君は返事をすることができませ
んでした。
（西村課長）「反省すべきことも多いとは思うが、期限をあと１週間設
　　　　　　　けるから、もう一度やってみるか？」
（小　　島）「はい。ぜひともやらせてください」

第10章　人事考課者訓練ケーススタディ

小島君は、今回の失敗を生かし、まずは自分の1週間の行動計画づくりから入ると同時に、堀主任にその行動計画を見てもらい、相談に乗ってもらうことにしました。

　その後、行動計画に基づき医療・介護に関する雑誌や教育機関などの団体への問合せを行い、今後求められてくる各職種の能力について調査を進め、文書でまとめてみました。そのうえで、西村課長から看護部長にお願いしてもらい、三ツ星さんへのヒアリングを正式に申し込みました。

（小　　島）「こんにちは。前回も話させてもらった能力開発体系の件だけど、あれから調べた結果少し確認したいことがあるので、小1時間ほど時間をください」

（三ツ星）「いいですよ。今回は上司を通すなんて本格的ね」

（小　　島）「いずれ法人をあげてきちんと取り組まないといけない案件だから、真面目に…。それより、前回、『看護部ではいろいろな研修を受けているから』という話だったけど、僕が調べたところ、看護協会では経営数字に関わる研修ってないよね」

（三ツ星）「経営数字って何？　診療報酬のこと？」

（小　　島）「いや、今からますます厳しくなる病院経営において、利益を上げるために、何をどう改善したら利益が出るかを、数字でつかむ能力を身につける必要があると思うんだけど」

（三ツ星）「そうね、とても大切ね。でも、コスト意識を持たないといけないのはわかるけど、それって私のレベルではなくて、科長や主任に必要な能力のような気がするわね」

（小　　島）「そうだね。それから収入を上げるためにも、患者さん満足について、接遇・マナー以外に学ぶべきこと、するべきこともたくさんありそうだ」

（三ツ星）「接遇・マナー以外に？　ふーん、わからないな。でも、興味ある」

（小　　島）「そう。患者さん満足のためにはやはり仕組みが必要なん

東日本病院　本部総務人事課のケース

だ。特に、縦割りになっている組織に横串を刺すような」

（三ツ星）「チーム医療ね。組織の壁があってなかなか難しいわ」

（小　島）「でも、伝達や引継ぎがうまくいかず、患者さんに迷惑を
　　　　　掛けたりしてるよね。患者さんのために壁を越えてきっち
　　　　　りとバトンタッチしなきゃ、近隣の病院に負けてしまうよ
　　　　　ね」

（三ツ星）「そうね。随分と勉強したわね。勉強嫌いじゃなかったっ
　　　　　け？」

（小　島）「まあね。ありがとう。じゃあ次に、…」

　三ツ星さんへのヒアリングは、自分が調べてきたことを前向きな雰囲
気のなかで確認でき、小島君は自信を深めました。

　職場に戻った小島君は、早速これまでの調査結果をまとめ、職種ごと
に求められている能力とその研修内容を整理し、法人をあげてこれに取
り組むための進め方とスケジュールを考え、文書にまとめ、西村課長に
提出し、この段階での意見を聞くことにしました。

（西村課長）「おう、良くできているな。職種ごとによく課題が整理さ
　　　　　　れている。進め方についても…委員会の設置か。大がかり
　　　　　　になりそうだが、法人全体に関わることだし、そうなる
　　　　　　な。うん、うん」

（小　島）「ありがとうございます」

（西村課長）「ところで、時代背景的な、職種ごとに求められる能力と
　　　　　　うちの職員が抱える課題はわかるが、理事長方針は確認し
　　　　　　たかい？」

（小　島）「確認していませんが」

（西村課長）「だから少し一般論になっているんだな。よくできている
　　　　　　けど、これじゃどこの病院でも同じようになるんじゃない
　　　　　　かな。私は君にこの仕事をお願いするときに『法人独自の
　　　　　　能力開発体系』と言ったよね。組織はそれぞれに歴史、文
　　　　　　化が違うんだ。向かいの下谷病院などとの比較をすること
　　　　　　も大切じゃないかな。よくできてはいるが、一般論になっ
　　　　　　てはいけないね」

（小　　島）「そうですね。理事長方針をすぐに確認しますので、明日、わからなかったことなど課長に質問するかもしれませんが、よろしいですか？」

（西村課長）「いいよ。頑張ってくれ」

　小島君はすぐに理事長方針を確認し、１つひとつの方針に対し、全職員、階層別、各部門、各職種で何をしなければいけないかを確認すると同時に、以前に整理した各委員会で出てきた対策などを整理し、重要な能力を抽出しました。

　また、西村課長から地域連携室の佐藤室長に連絡をしてもらい、佐藤室長から近隣病院の経営方針などの情報を収集するなどし、また、理事長方針をより理解しなければいけないと感じたところについては、西村課長に聞くために整理をしました。

　翌日、小島君は西村課長に理事長方針について確認をする際に、理事長方針に従い、必要な能力を全職員、階層別、各部門、各職種で整理した資料を見てもらい、情報の過不足等を確認しました。

　これを踏まえて、小島君はこれまでの資料を整理し直し、文書にまとめ、翌日、期日通りに西村課長に提出することができました。

　この間、広報委員会において外部にPRすべき内容が議論され、最終的に小島君がその案をつくったところ、「非常にわかりやすくポイントを得ている」と良い評価を得ました。

　また、業者との値段交渉においても、小島君はこれまでのやり方ではだめだと感じ、過去の印刷物を整理し、他の新しい業者への見積り依頼をするなど、従前からの業者をうならせ、少額ではありますがコスト削減を行うことができました。

　そして、小島君の上期は終了しました。

東日本病院　本部総務人事課のケース

第11章

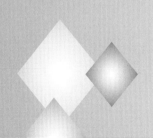

規程集

人事考課制度要綱

Ⅰ．人事考課の意義と目的

1．人事考課の意義

　人事考課制度は、経営方針・目標、経営計画と連動して期待される個々の従業員の能力、勤務態度、業績を、合理的に作成された一定の考課要素に従って、直接上司その他が査定する手続きです。

2．人事考課の目的

　人事考課の目的は、社員の一定期間の勤務実績（業績・意欲態度）を正しく評価し、それをもとに処遇（昇格・昇給）や人事管理（適正配置・教育訓練）に反映していくことにあります。

　したがって、考課者は要綱の定めるルールに基づき、部下を公平、公正に評価しなければなりません。

Ⅱ．人事考課の実施要綱

1．人事考課の対象期間

　　上期考課：4月1日から9月30日

　　下期考課：10月1日から翌年3月31日

　この上記2回の人事考課結果を加算して1年間の勤務実績とします。

2．考課対象者

　人事考課の対象者は正社員全員です。

　ただし、中途入社や休職により、対象期間のうち勤務期間が6か月に満たない者については、対象期間の考課は行いません。

3．人事考課の種類

人事考課は役割等級別に行います。

4．考課要素と観点

人事考課は、業績考課と行動能力考課、意欲行動考課によって行います。下記の観点や、考課表に記載された着眼点をもとに考課を行います。

(1) 業績考課要素

① 業績（量）：業務処理の速さ、処理量、納期の遵守率などの度合い（売上目標・利益目標・商品回転率目標の達成度）

② 業績（質）：業務処理の正確さ、出来栄え、信頼性などの度合い

③ 目標達成度：目標管理シート（目標管理制度上の）に書かれた目標達成の度合い

④ 人事管理：管理職の業績考課要素については、部門業績を達成するため下位職者の知識、技能の向上、動機づけ、意欲向上をしたかどうかの度合い

(2) 役割行動能力（ジョブ・スキル考課要素）

① 理解力：仕事の状況や状態を的確に把握し、また指示内容や意味、意図を正しく捉え行動したか

② 判断力：情報を比較、識別、評価、総合化し、状況、条件を論理的に分析し、適切な判断、対応処置をしたか

③ 決断力：諸々の情勢を的確に察知し、グループ目標を達成するため、大局的な立場で数ある代替案のなかから有効なものを選び、速やかに意思決定し、実行したか

④ 表現力：口頭または文書により、伝達しようとする意思、目的や報告すべき事項を的確に表現したか

⑤ 交渉力：仕事を進めるうえで、関連部門、関係先と折衝し、自分の意図、考えを相手に伝え、理解、納得させることができたか

⑥　折衝力：組織を代表して社外の人と接し、適期をつかみ有利に協力、理解を取り付けられたか

⑦　創意工夫：担当する仕事の方法、手段等について、自ら改善したか

⑧　企画力：職務を遂行するため、その方法、手段を実現性あるものとして効果的にまとめ、展開したか

⑨　開発力：将来の予測、見通しに立ち、担当する分野におけるまったく新しい方法を創案し、具現化に向けて展開し、利益貢献につなげたか

⑩　指導監督力：下位者に対して業務上必要な知識、技能を向上させるため適切な指導をし、仕事上の指導をしたか

⑪　知識・技能：格付けされている等級に期待され求められている知識・技能（基本的能力）

（3）役割行動能力（セルフコントロール・スキル考課要素）

①　積極性：担当業務に関し、現状に満足せず、質的向上、量的向上を目指し、自己啓発など意欲的に行動したか

②　協調性：チームの一員としての自覚を持ち、上司・同僚、さらには他部門とも相協力して仕事を進めたか

③　規律性：社内ルールや秩序、社会常識などを守り、円滑に仕事を進めたか

④　責任性：自己の役割を理解し、最後まで全力で取り組み完遂したか

⑤　企業意識：経営幹部としての自覚、経営者的視野に立って行動したか

5．評価点

考課は着眼点について5〜1点で絶対考課を行います。

（成果・定量）

　　達成率　130％以上　　…　5点

　　　　　　115％以上　　…　4点

　　　　　　100％以上　　…　3点

　　　　　　 85％以上　　…　2点

　　　　　　 85％未満　　…　1点

（成果・定性）

　　他の模範となるほど、期待を大きく上回るものだった … 5点

　　期待を上回るものだった　　　　　　　　　　　… 4点

　　ほぼ期待通りだった　　　　　　　　　　　　　… 3点

　　期待を下回るものだった　　　　　　　　　　　… 2点

　　期待を大きく下回るものだった　　　　　　　　… 1点

6．評価点ウェイト（例）

〈管理職、専門職、監督職〉

考課項目		管理職		専門職		監督職	
		昇給	賞与	昇給	賞与	昇給	賞与
業績	目標達成度	50	70	50	70	15	60
	業績（量）	10	10	10	10	10	10
	業績（質）	10	10	10	10	10	10
	人事管理	20	10	—	—	—	—
行動能力	指導力	—	—	20	10	15	20
	決断力・判断力	—	—	—	—	10	—
	折衝力・交渉力	—	—	—	—	10	—
	開発力・企画力	—	—	—	—	10	—
	知識・技能	—	—	—	—	10	—

意欲行動	企業意識	10	—	10	—	—	—
	責任性	—	—	—	—	10	—
	規律性	—	—	—	—		—
	協調性	—	—	—	—		—
	積極性	—	—	—	—		—

〈一般職・メンテナンス職以外〉

考課項目		1級職		2級職		3級職	
		昇給	賞与	昇給	賞与	昇給	賞与
業績	業績（量）	25	40	15	40	15	35
	業績（質）	10	40	15	40	15	35
行動能力	指導力	15	—	10	—	—	—
	決断力・判断力・理解力	10	—	10	—	15	—
	折衝力・交渉力・表現力	10	—	10	—	5	—
	開発力・企画力・創意工夫	10	—	10	—	10	—
	知識・技能	10	—	15	—	15	—
意欲行動	責任性	10	20	15	20	25	30
	規律性						
	協調性						
	積極性						

〈一般職・メンテナンス職〉

考課項目		1級職		2級職		3級職	
		昇給	賞与	昇給	賞与	昇給	賞与
業績	業績（量）	20	40	15	40	15	35
	業績（質）	10	40	10	40	10	35

行動能力	指導力	10	—	5	—	—	—
	決断力・判断力・理解力	10	—	20	—	20	—
	折衝力・交渉力・表現力	10	—	10	—	10	—
	開発力・企画力・創意工夫	10	—	10	—	10	—
	知識・技能	20	—	20	—	15	—
意欲行動	責任性	10	20	10	20	20	30
	規律性						
	協調性						
	積極性						

7．考課者、集計・調整者（審査）、決定者

等級	一次考課者	二次考課者	審査	決定者
Ｍ１／Ｍ２	担当役員	—	役員会	社長
Ｍ３	部長・支店長・工場長	担当役員	役員会	社長
Ｓ１（専門職）	課　長	部長・支店長・工場長	役員会	社長
Ｊ１	課　長	部長・支店長・工場長	役員会	社長
Ｊ２	課長代理・係長	課　長	役員会	社長
Ｊ３	課長代理・係長	課　長	役員会	社長

① 一次考課者の役割：一次考課者は考課要素の観点、着眼点をもとに評価します。また、配置や教育についての所見を記入します。
② 二次考課者の役割：二次考課者は一次考課者の考課の不備な部分の修正や、部内の不均衡の調整を行います。
③ 役員会の役割：役員会は社内の評価の不均衡がある場合、これを調整のうえ、考課点を集計し、最終考課を算定します。

8．最終評価点

　最終考課は集計された評価点をもとに絶対考課を行い、Ｓ・Ａ・Ｂ・Ｃ・Ｄの評語で示し、昇給に反映させます。

〈半期〉

評　点	90点以上	90-75点	75-60点	60-45点	45点未満
評　語	S	A	B	C	D

〈通期〉

評　点	180点以上	180-150点	150-120点	120-90点	90点未満
評　語	S	A	B	C	D

9．人事考課のフィードバック

　1次考課者は、最終考課点、考課の内容、期待すること等を被考課者にフィードバックします。

Ⅲ．人事考課の注意点

1．人事考課の原則

①　人事考課は、決められた考課期間、考課要素についてのみ考課を行います。

②　人事考課は、公正、公平に行い、私情をはさむことがあってはなりません。

③　人事考課は、考課者に確認して事実や信頼できる情報・報告に基づいて行い、漠然としたイメージや風評によって行ってはなりません。

2．人事考課者の陥りやすい傾向

①　ハロー効果：考課者の全般的な印象により、被考課者の個々の特性を同様に評価してしまうこと。また、1つの特性を捉えて、他の特性まで同様に評価してしまうこと

② 　中心化傾向：考課者が差をつけることを避け、評価が標準に集中してしまうこと。考課者が被考課者のことをよく把握していない場合に起こりやすい
③ 　寛大化傾向：よく知っている部下、親しい部下を実際よりも甘く評価すること。他部門との評価バランスがとれなくなってしまう
④ 　対比誤差：考課者が自分自身と被考課者とを比較して評価してしまうこと
⑤ 　論理誤差：考課要素間に密接な関係があると捉え、同様の評価をしてしまうこと
⑥ 　逆算傾向：考課結果を念頭に置き、それをもとに各要素を評価してつじつまを合わせること

３．考課者・被考課者が異動した場合の取扱い

(1) 　考課者が異動した場合、新所属部署における勤務期間が、発令日から起算して考課対象期間の２分の１に満たない場合は、前任者が考課を行います。

(2) 　被考課者が異動した場合、新所属部署における勤務期間が、発令日から起算して考課対象期間の２分の１に満たない場合は、旧所属において考課を行います。

目標管理制度要綱

Ⅰ　目標管理制度の目的と制度概要

1．目標管理の意義

　組織目標を達成するために、組織目標と社員個々の目標を有機的に一致させ、個人を動機づけながら組織の力を最大限に発揮していくことを目指します。このため、目標による管理は、組織の管理監督者が共同して組織の共通の目標を見極め、彼ら個々人に期待される成果という点から個別の主要責任範囲を明確化し、各組織単位を運営して社員個々の貢献度を評価する際の指針としてこうした尺度を使うという一連のプロセスです。

2．目標管理の目的

① 　組織として達成すべき業務の成果を目標として設定し、自己統制のなかで業務を推進すること。また、その成果を評価すること

② 　組織のタテ・ヨコ・ナナメでのベクトルを合わせ、組織目標を実現することのできる人材の育成、自律的組織風土を醸成すること

③ 　プロセス評価において先行指標（KPI※）を設定することで、業績評価の精度を向上（業績評価の前提条件の確立）させるためのプロセスを管理すること

　　※ 　KPIとはKey Performance Indicator の略称で、重要な目標および戦略などの達成状況に相関性を持った数値のこと

3．目標管理の PDCA

　目標管理とは、組織目標の達成のために、一定期間内に達成すべき目標を社員1人ひとりの役割に応じて具体的に測定可能な形で設

定し、その達成度を評価し、管理する手法です。具体的には、個人実行計画（プロセス）管理のための『目標管理シート』と組織目標をブレイクダウンし、個人目標と統合を図るための『役割デザイン・マトリックス』を活用して、目標達成のための PDCA サイクルの精度を上げていきます。

Plan（計画）
　↓
Do（実行）
　↓
Check（監視）
　↓
Action（改善）

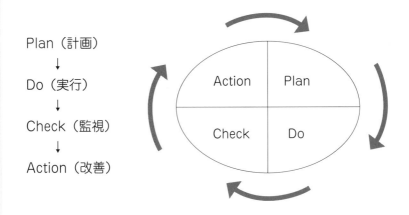

① 　会社目標の設定と確認（Plan）
② 　部門目標の設定と確認（Plan）＝「全社役割デザイン・マトリックス」の作成
③ 　個人目標の設定（Plan）＝「目標管理シート」または「部門役割デザイン・マトリックス」の作成
④ 　経営資源の配分と目標の遂行（Do）
⑤ 　進捗状況の把握と再調整（Check）
⑥ 　システムや職務活動の見直し（Action）

4．目標管理の全体の流れ

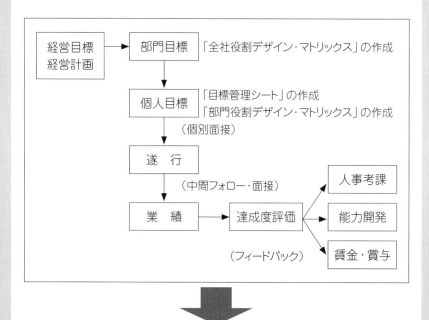

```
経営目標   →  部門目標   「全社役割デザイン・マトリックス」の作成
経営計画
              ↓
           個人目標   「目標管理シート」の作成
                      「部門役割デザイン・マトリックス」の作成
              ↓      （個別面接）

           遂  行
              ↓      （中間フォロー・面接）

           業  績  →  達成度評価  →  人事考課
                                  →  能力開発
                      （フィードバック）  →  賃金・賞与
```

⬇

┌───┐
│ ～社員の能力・主体性の向上、業績の向上、組織力の向上～ │
└───┘

Ⅱ　目標管理制度の運用ルールと留意点

1．目標管理の対象者

① 目標管理の対象者は管理職（専門管理職を含む）、監督職および営業社員全員です。ただし、中途入社や休職により、対象期間のうち勤務期間が６か月に満たない者は対象から除きます。

② 対象者以外の社員については、各部署で作成した「部門役割デザイン・マトリックス」に基づく役割成果を人事考課表上の業績評価にて評価します（人事考課制度要綱を参照）。

２．役割デザイン・マトリックス（全社・部門）、目標管理シート作成手順と留意点

次の手順で、組織の要求と個人に求められる役割行動を、「全社役割デザイン・マトリックス」「部門役割デザイン・マトリックス」を使って統合していきます。その際には十分なミーティング時間を取り、しっかりとお互いが納得し、問題を共有化できるまで議論を深めてください。

① 会社方針・組織目標・事業計画に沿って各部門がそれぞれ取り組む課題を検討し、自部門の目標を記入して「全社役割デザイン・マトリックス」を作成します。

② 「全社役割デザイン・マトリックス」に示された部門（グループ）の目標について、会社方針に沿った会社全体として最適なものとなっているかどうかを管理・監督者が全員で十分検討し、必要な修正を加えます。

③ 修正が加えられた各目標について、具体的な取組方法や担当責任者、期限、想定されるリスクとリスク回避策等の考慮・検討なども含め、各部門の動きがそれぞれに整合性のあるものとなるよう、また目標のレベルにおいてもお互いが納得できるものになるまで、管理・監督職全員で再度徹底的に検討・討議します。

④ 管理・監督者は、上記③の検討結果に基づき各自の「目標管理シート」を完成させます。

⑤ それぞれの「目標管理シート」の内容を実行するにあたって、自部門（グループ）のメンバー（構成員）にやってもらうことや担う役割を自部門のメンバーと話し合いながら、各部門で「部門役割デザイン・マトリックス」を完成させます。

⑥ 完成した「目標管理シート」と「部門役割デザイン・マトリックス」を、管理・監督者全員で再度検討し、整合性を担保します。

⑦ 完成した各シートを使って、経営者参加のもとに『目標管理制度発表会』等で各部署の今期の目標を発表するなどして、全社員

一丸となって、経営戦略に基づく事業計画の実現のために今期の目標を達成することを確認し合います。

⑧　発表後の「目標管理シート」「全社役割デザイン・マトリックス」「部門役割デザイン・マトリックス」は各部署で関係者によく見えるところに掲示して、部門（グループ）ミーティングなどで進捗状況を随時チェックし、それぞれの目標達成が確実にできるようにします。

3．目標管理シートの考課者

一次考課者および二次考課者を置きます。

①　一次考課者 ： リーダーおよびサブリーダー

②　二次考課者 ： 課長

③　三次考課者 ： 部長

4．目標管理シートの目標の数と条件

設定する目標数は5つとします（無理に設定する必要はありません）。また、この制度で一番重要となるのは、目標のレベルと具体的内容です。次の点を関係者で十分検討して、それぞれの担当者が納得でき、「自分の仕事」という実感がわく目標の設定に努めてください。

①　重点化…成果に結びつく重要要因に目標項目を設定する

②　明確なイメージと期限…いつまでに何をどのようにするかを明確にする

③　達成可能性…役割等級基準と照らし合わせ「五分五分」と感じるレベルとする

④　客観性・具体性・測定可能性…仕事のなかでの行動を評価できるものとする

5．目標管理制度実施スケジュール

【4月～9月（上期）、10月～翌年3月（下期）　半年サイクル】

3月　新年度経営方針決定および目標管理プロジェクトにて部門方針決定

4月　目標遂行・目標達成度評価（前期下期）… 人事考課に反映

4月　個人目標（上期）面接、個人目標（上期）決定

6月　中間振り返り（上期）

10月　目標遂行・目標達成度評価（上期）… 人事考課に反映

10月　個人目標（下期）面接、個人目標（下期）決定

12月　中間振り返り（下期）

$$\vdots$$

（繰り返し）

6．目標管理シートの実績評価点算定

(1) 業績目標（数値で達成水準を定めた場合）

目標設定時に定めた水準に対し、次のように評価します。

　　　達成率　　130％以上 … 5点

　　　　　　　115％以上 … 4点

　　　　　　　100％以上 … 3点

　　　　　　　 85％以上 … 2点

　　　　　　　 85％未満 … 1点

ただし、この評価点算定基準は必要に応じて見直し、適宜改定します。

(2) 業績目標（状態・質で達成水準を定めた場合）

期待された水準に対し、次のように評価します。

　　　大きく上回る貢献度の非常に大きいものだった … 5点

　　　やや上回る出来栄えだった　　　　　　　　　… 4点

　　　ほぼ満たす出来栄えだった　　　　　　　　　… 3点

　　　やや下回る出来栄えだった　　　　　　　　　… 2点

　　　明らかに下回る出来栄えだった　　　　　　　… 1点

（3）評語への読替え

最終評価点は、以下の基準で読み替えます。

20〜25点 … S

15〜19点 … A

10〜14点 … B

5〜9点 … C

5点未満 … D

ただし、この評語読替え基準は必要に応じて見直し、適宜改定します。

※　最終評価は業績考課の目標達成度に組み込んで人事考課に反映します。ただし、中途入社や休職により、対象期間のうち勤務期間が6か月に満たなかった者は、評価対象から除きます。

Ⅲ　目標管理制度における面接

「上司と部下とのコミュニケーションツール」でもある目標管理は、面接（面談）と会議（グループミーティング）がその成否を決める大きな要素となります。特に個別の面接においては、個人の人間性や人格を傷つけることは避け、仕事に関する具体的事実と行動を中心として、目標管理が人材育成と組織の活性化のツールとなるよう十分留意します。

1．面接の種類と時期

①　目標設定面接［4月、10月］

②　中間面接［6月、12月］

③　最終評価面接［10月、翌年4月］

2．目標設定面接、中間面接における面接の進め方と留意点
（1）目標設定面接

目標設定面接では、本質的な目標、基本的な使命を見失わないよ

う目標（目的）と具体策を明確に区別して考え、手段の目的化に陥ることがないようにします。

目標設定面接の進め方は、以下の通りです。

STEP 1 ：リレーションづくり

STEP 2 ：部下の目標を聴く

STEP 3 ：期待目標の明示

STEP 4 ：チャレンジを促し、納得させ、合意する

STEP 5 ：実行計画について話し合う

STEP 6 ：クロージング

（2）中間面接

中間面接は、問題の早期発見と軌道修正がねらいです。したがって、目標設定面接と同じように、まずは現状把握から入り、単なる問題点の指摘にとどまらず、事態の具体的改善方法を部下とともに考えます。

目標未達であったとしても部下を責めることなく、目標設定時の実行計画と照らし合わせながら、状況を客観的事実で把握し、アドバイスをします。なお、中間面接の進め方は、目標面接の進め方と同様ですが、目標設定時に予測していたリスクとは異なる問題を抱えている可能性もあり、場合によっては部内、他部門への協力要請や調整をするなど、部下が目標達成できる環境を整備することも必要となります。

また、急激な環境変化により達成が困難と思われる場合であっても、安易な目標レベルの変更は行わず、困難に立ち向かう姿勢を教え、実行計画を柔軟に変更することが大切です。

3．最終評価面接（フィードバック）における面接の進め方と留意点

最終評価面接の目的は、上司が部下に評価を伝えるという単純なものではなく、部下の自己評価を聴き、部下を評価するにあたって

見落としている点はないかを確認することにあります。また、結果が出ていない場合にも、部下の育成とレベルアップを図ることを目的に、部下を責めるのではなく、結果が出せなかった原因に目を向けることです。

　最終評価面接の進め方は、以下の通りです。

　　STEP 1：リレーションづくり
　　STEP 2：部下の自己評価を聴く
　　STEP 3：管理者の評価を述べる
　　STEP 4：優れていた点を伝える
　　STEP 5：改善点を明確にする
　　STEP 6：育成点を話し合い、合意する
　　STEP 7：クロージング

◈ 参 考 文 献 ◈

・『同一労働同一賃金を実現する職務分析・職務評価と賃金の決め方』
　西村聡（日本法令）
・『役割等級人事制度導入・構築マニュアル』西村聡（日本法令）
・『人事コンサルタント養成講座』西村聡（日本法令）
・『賃金コンサルタント養成講座』西村聡（日本法令）
・『職務分析・職務評価の基礎講座』西村聡（労働新聞社）
・『賃金の本質と人事革新』孫田良平監修（三修社）
・『現代の経営　上下』P. F. ドラッカー（ダイヤモンド社）
・『材能研究』淡路圓治郎（教育研究会）
・『変革時代のリーダーシップ』古川久敬・角山剛（千曲秀版社）
・『目標管理活用学』中嶋哲夫（経営書院）
・『ホンダ流　課題達成型目標管理』浅江季光（産能大学出版部）
・『教育評価』梶田叡一（有斐閣双書）
・『人間発見の経営』S. W. ゲラマン（産業能率短期大学出版部）
・『続・人間発見の経営』S. W. ゲラマン（産業能率短期大学出版部）
・『目標管理のコンティンジェンシー・アプローチ』奥野明子（白桃書
　房）
・『勤務成績評定法』狩野寧武（日本労務研究会）
・『結果のわりつけによる経営』エドワード・C・シュレイ（池田書店）
・『Merit Pay〜Linking Pay to Performance in a Changing
　World〜』Robert L.Heneman and Jon M.Werner（Information
　Age Publishing（2003/10/1））
・『Salary Administration』Gordon McBeath, Nick Rands
　（Gower Pub Co（1989/5/1））
・「経営戦略を人事制度→従業員の行動（仕事）に落とし込む方法と手
　順」西村聡（日本法令『ビジネスガイド』2012 年 4 月号）
・「経営戦略に連動した人材育成プログラムの作成方法とその運用のポ
　ント」西村聡（『ビジネスガイド』2010 年 9 月号）

・「ソ連における『科学的管理』の導入」（明治大学経営学研究所経営論集第 35 巻 2 号、p. 119-140、1987-11-30）
・「行動科学管理の出現と特徴」（北海学園大学経営論集第 2 巻 1 号、p. 1-31、2004-06-30）
・Bates, S (2003b,June). Forced ranking.HR Magazine, 48, 63-68.
・Meisler, A (2003,July). Dead man's curve. Workforce Management, pp. 44-49

● 著者紹介 ●

西村　聡（にしむら　さとし）

　大学卒業後、大日本スクリーン製造株式会社で管理・企画業務を担当。その後、公益財団法人関西生産性本部に入局し、主任経営コンサルタントとして活動。平成22年6月に独立し、株式会社メディンを設立、代表経営コンサルタント。経済学修士。大阪商業大学非常勤講師、株式会社日本マンパワーマネジメントコンサルタント、NPO法人企業年金・賃金研究センター上席講師。

　日本経営診断学会、日本労務学会、経営行動科学学会、日本経営工学会、日本経営システム学会正会員。

　主として、ビジネスプロセスの構築および変革から経営革新につながる人事制度改革、生産現場革新、業務改革を指導する。現在、医療法人、社会福祉法人、学校法人、自治体の経営革新に注力。

　平成21年日本経営診断学会第42回全国大会にて診断事例研究報告「成果主義人事制度が従業員意識に与える影響に関する一考察」で優秀賞を受賞。

　著書・論文『増補版 人事コンサルタント養成講座』『同一労働同一賃金を実現する 職務分析・職務評価と賃金の決め方』『「多様な働き方」を実現する役割等級人事制度』『役割等級人事制度のための賃金設計実務講義』『職種ごとの事例でわかる 役割等級人事制度による病院の経営改革』『役割等級人事制度導入・構築マニュアル』『賃金コンサルタント養成講座』（以上、日本法令）、『賃金の本質と人事革新』（三修社）、「強い組織をつくる全員参加型人事考課のススメ」（日本医療企画『医療経営フェーズ3』）など多数。

改訂版

経営戦略を実現するための
目標管理と人事考課

平成24年11月20日　初版発行
令和2年11月30日　改訂初版

検印省略

日本法令®

〒 101-0032
東京都千代田区岩本町1丁目2番19号
https://www.horei.co.jp/

著　者　西　村　　　聡
発行者　青　木　健　次
編集者　岩　倉　春　光
印刷所　星　野　精版印刷
製本所　国　宝　社

（営　業）　TEL　03-6858-6967　　Eメール　syuppan@horei.co.jp
（通　販）　TEL　03-6858-6966　　Eメール　book.order@horei.co.jp
（編　集）　FAX　03-6858-6957　　Eメール　tankoubon@horei.co.jp

（バーチャルショップ）　https://www.horei.co.jp/iec/
（お詫びと訂正）　https://www.horei.co.jp/book/owabi.shtml
（書籍の追加情報）　https://horei.co.jp/book/osirasebook.shtml

※万一、本書の内容に誤記等が判明した場合には、上記「お詫びと訂正」に最新情報を
掲載しております。ホームページに掲載されていない内容につきましては、FAX また
はEメールで編集までお問合せください。